Robert Walser
Komödie

Märchenspiele und
szenische Dichtungen

Suhrkamp Verlag
Zürich und Frankfurt am Main

Die vier frühen Dramolette erschienen erstmals 1919
in dem Band «Komödie» im Verlag Bruno Cassirer, Berlin.
Die übrigen Texte erschienen zuerst 1971
in Band XI «Gedichte und Dramolette»
der Ausgabe «Das Gesamtwerk»
im Verlag Helmut Kossodo, Genf und Hamburg,
bzw. 1978 in Band VII der Werkausgabe
im Suhrkamp Verlag, Zürich und Frankfurt am Main,
jeweils herausgegeben von Robert Mächler,
und in Band XII/1 (1972)
bzw. in den Bänden IX und XII (1978) der genannten Ausgaben.
Der Herausgeber dankt Herrn Robert Mächler
für die Erlaubnis zur Verwendung seiner Kommentare.

Umschlagabbildung:
Félix Vallotton, Die Theaterloge, 1909
(Ausschnitt)

suhrkamp taschenbuch 1114
Erste Auflage 1986
© dieser Ausgabe: Suhrkamp Verlag Zürich 1978 und 1986
Mit Genehmigung der Inhaberin der Rechte,
der Carl Seelig-Stiftung, Zürich
Suhrkamp Taschenbuch Verlag
Druck: Nomos Verlagsgesellschaft, Baden-Baden
Printed in Germany
Umschlag nach Entwürfen von
Willy Fleckhaus und Rolf Staudt

2 3 4 5 6 7 – 07 06 05 04 03 02

KOMÖDIE

(Frühe Dramolette)

DIE KNABEN

Eine Bergweide.
Franz, Hermann, Heinrich treten auf. Ganz hinten Peter,
klein wie ein Hase.

Franz: Man denkt nicht mehr ans Sterben, wenn man so steigen muß. *(Wirft sich auf die Matte.)*

Hermann: Natürlich nicht, denn die Gedanken haben keine Zeit, Außergewöhnliches auszubrüten.

Franz: Hast du schon oft daran gedacht?

Hermann: So oft, daß Sterben mir bald nichts anderes als eine Gemeinheit erscheint.

Heinrich: Du hast eben noch nie daran gedacht, zu probieren.

Franz: Heinrich hat recht. Wie reizend muß ein Probieren sein, es mit dem Tode aufzunehmen. Versuche über diesen Zaun zu balancieren, und du fühlst es.

Heinrich: Fühlen?

Franz: Ja «Gefühl ist alles.» O mein Goethe! Wann komme ich dazu, deinen Faust auf der Bühne zu geben? Welche Seligkeit! Alles in grellem Lampenlicht, und nun die stille Nacht meines Sprechens. Freilich muß man zuerst sprechen können.

Hermann: Du gehst also zur Bühne?

Heinrich: Willst du das wirkliche Leben mit dem Scheine vertauschen, den Körper mit seinem Reflex?

Franz: Uh, die Philosophen. Ich gehe zur Bühne in der Absicht, mir dort ein lebendiges Leben einzurichten.

Heinrich: Tu es, tu es, aber ist es nicht schwer?

Franz: Nicht zu schwer, denn es wird leicht genug sein, daß ich es in meine Macht bekomme.

Hermann: Macht ist oft nichts als Einbildung.

Franz: O du bist klug! Einbildung ist selbst die Macht. Bilde dir nur nie etwas ein, und du wirst dir nie etwas unterwerfen. Ach, wie es hier schön ist! Welche Freiheit! Daliegen und von Größe träumen zu können. *(Er erhebt sich.)* Herumzugehen hier und von Größe zu träumen. *(Er schlendert nach hinten.)*

Heinrich: Größe?

Hermann: Er sagte Größe. Glaubst du daran?

Heinrich: Ich glaube nicht, daß ich nicht daran glaube. Weiß ich es? Weißt du es?

Hermann: Ich weiß nicht, was Größe ist.

Heinrich: Ich weiß es, kann es aber nicht sagen. Es steckt mir in den Beinen, aber nicht im Mund.

Hermann: Ich glaube, dann sollte es mir in den Ohren stecken.

Heinrich: Ja, du bist ja Geiger.

Hermann: O rede nicht so; ich muß es für Spott nehmen.

Heinrich: Spotte auch.

Hermann: Ich kann nicht. Ich habe nicht den nötigen Verstand, um mit Witz spotten zu können.

Heinrich: Du bist ein guter Kerl. *(Sie schweigen.)*

Heinrich: Jetzt wird bald die Sonne untergehen. Sieh, wie lang die Schatten werden; bald werden sie uns berühren.

Hermann: Gibt es etwas Zarteres, als das Zunehmen eines Schattens?

8

Heinrich: Als ein solches Berühren?

Hermann: Wir fragen die Natur; wir werden nie Antwort bekommen.

Heinrich: Doch, von unsern Herzen.

Hermann: Dann muß man soviel sagen, erklären, betonen.

Heinrich: Nein, man muß nur immer schweigen.

Hermann: Ach, du! *(Sie umarmen sich.)*

Heinrich: Nun hat es schon deine Füße.

Hermann: Was? Ah, der Schatten.

Heinrich: Was wohl so ein Schatten bedeutet?

Hermann: Den Tod, das Leben? Die Größe? Die Schweigsamkeit?

Heinrich: Wir müssen das Fragestellen lassen. Man darf nicht laut soviel fragen. Das entzweit uns. Entzweiung von dir wäre Sterben. Ich habe noch niemand so gern gehabt wie dich.

Hermann: Ich weiß nicht, wie ich es habe; aber das mit den Mädchen, das ist so leer, so lieblos.

Heinrich: Ich weiß es nicht.

Franz kommt zurück. Die Vorigen.

Heinrich: Nun? Hast du von deiner Größe ausgeträumt? Bist du so kleinlich und kehrst zu uns zurück?

Franz: Man wird müde vom Träumen.

Hermann: Träumen ist wie Regen, es weicht so auf.

Franz: Nein, Träumen ist wie Abendsonne, süß und rot, aber schwer und weh.

Heinrich: Hat es dir wehgetan?

Franz: Ich ging von euch weg, da war mein Träumen hell wie der Mittag, ging tief in die Seele, kehrte frisch wieder zurück. Nun ist es beschädigt, zerrissen, entstellt, entfernt; es ist wie Nacht. Das tut weh; oder nicht, Page?

9

Heinrich: Erinnere mich nicht daran.

Franz: Hört doch, hört doch, ihr dunklen Felsen, schalkhafte Figuren der Natur: der da ist ein Page. Er ist bleich vor Liebe zu seiner Herrin. Seine Herrin ist ein dickes Frauenzimmer. Ihre Haare sind rot; ihr Mund ist schwülstig, ihr Kinn doppelt, ihr Gang unbeholfen und ihre Augen sind Blei.

Heinrich: Still doch; ich habe keine solche Herrin.

Franz (unbändig lachend): Soll ich dir eine andere beschreiben? Vielleicht trifft es zu.

Heinrich: Nein, beschreibe nichts als eine Grenze um deinen lockeren Verstand, damit er nicht ausschlüpfen kann.

Hermann: Wollen wir nicht heimgehen?

Franz (plötzlich ernst): Heimgehen!

Hermann: Es wird mir zu kalt hier. Ich muß Bewegung haben. Wo bleibt Peter?

Heinrich: Er ist doch mit uns gegangen.

Franz: Ja, der wird irgendwo Rüben abschälen oder Gras fressen. Kommt, laßt uns gehen.

Hermann: Peter, Peter! He, Peter! *(Sie gehen ab.)*

Tiefer Abend. Peter tritt auf.

Peter: Sie schreien mir. Mit welchem Übermut schreien sie meinen Namen. Sie werden heimgehen ohne mich. Es ärgert sie vielleicht, daß sie auf dem Heimweg keinen Stoff zur Unterhaltung haben. Ich müßte sonst dieser Stoff sein. Wie schrecklich lächerlich ist ihnen meine Gestalt. Sie ist ihnen die ewige Lachlust. Selbst mein Zorn ist ihnen lächerlich, ihnen, dem Geiger, dem Schauspieler, dem Pagen. Ich bin ohne solchen Titel, ohne Talent, wenn nicht das Weinen zu den Talenten gehört. Ich bin mit Weinen begabt. Ich weine gewiß mit Talent,

aber dies ist keine Kunst in den Augen der Künstler. Es ist auch keine Kunst. *(Er lächelt.)* Nein, keine Kunst, denn es kommt allein nur von Herzen. *(Er liegt auf dem Boden.)*
Die Nacht scheuchte sie fort; mich aber weiß sie zu pflegen. Ich bin der Liebling der Nacht. Ich muß doch auch von etwas geliebt sein; aber es ist traurig: nur von der Nacht. Sie ist ganz schwarz, das sehe ich; ganz feucht, das fühle ich; ganz gut, das weiß ich. Es bleibt mir aufgehoben, noch besser ihre tiefen Vorzüge auszumalen. Ich bin ein Maler. Meine Tränen sind das Öl, womit ich die Farben mische, und diese sind meine Empfindungen. Ich male mit Gefühlen, als da sind: Seufzen, Jammern, Sehnsucht. Sehnsucht ist die heißeste meiner Farben. Oft vergehen alle meine Farben in einen weiten See, die Liebe. Ich muß immer, nur immer lieben. Andere stellen das zuzeiten wohl hübsch ein; ich muß immer. Dann kommt eine Nacht, wie heute, wie diese, und ich bin nur noch Liebe, Tränen, Sehnsucht, Verkommenheit. *(Er liegt mit dem Kopf auf der Erde und weint hörbar.)*
Es muß wohl einmal *(er stützt seinen Kopf auf)* mit dem Lieben aufhören; aber dann hört mein Leben auf, das weiß ich; denn meine Liebe zum Leben ist nichts mehr als Liebe zur Mutter, und sie ist tot. Man warf sie mehr in die Erde als senken. Sie war ein verachtetes, aber schönes Weib. Meine Liebe stürzt ihr nach, ganz unsinnig, ganz verzweifelt. Sie war eine arme, aber schöne Frau. Ihre Schönheit, die mehr als Schönheit war, reißt mich hinab, wohin sie mehr geworfen als gesenkt wurde. Ich hasse die Leute um dessetwillen nicht.
Man hat keinen Grund, die Hintergangenen zu hassen, und die Leute, die meine Mutter warfen, sind Hinter-

gangene. Sie werden nie hinter das Rätsel der Schönheit kommen. Ich aber sterbe gern, hinter das Rätsel der Schönheit zu kommen. *(Er wird heiter.)*
Wenn ich so jung sterben will, so ist das Lust am Schlaf. Die Jugend hat Lust am Schlaf, weil sie leicht müde. Und ich bin so herrlich müde. Man ist gewohnt, sich von der Müdigkeit traurig stimmen zu lassen; mich stimmt sie lustig; sie verspricht mir soviel, sie verspricht mir den Tod: einen Kuß von der Mutter. Ich bin gern todmüde, damit es mich schon hier an den Kuß erinnert. Ich kann den Kuß nicht ohne den Tod haben; nun, da mir der Kuß so lieb ist, ist mir der Tod auch lieb. Der Tod küßt mich. Wäre es doch, wäre es doch, wäre es doch. *(Er geht traurig ab.)*

Verwandlung.
Eine menschenleere Straße. Franz und Hermann treten auf.

Hermann: Was sagte der Schauspieler Jank zu dir?
Franz: Ich hätte kein Talent; mir fehle der göttliche Funke.
Hermann: Was ist das?
Franz: Das Talent. Ich will es dir breiter erklären. Er hieß mich, ihm ein Gedicht oder eine Rede vorzutragen.
Hermann: Das konntest du doch ausgezeichnet.
Franz: Ich konnte es nicht ausgezeichnet; denn des Mimen Miene verzog sich während des Vortragens zu einem besorgten Lächeln, womit man die Talentlosigkeit tröstet.
Hermann: Und hast du das so hingenommen und bist abgefahren?
Franz: Zuerst wurde der göttliche Funke erklärt und alsdann mir erklärt, daß ich mich mit dem Schwindel von Bühnenlaufbahn zu empfehlen hätte. Er hatte feine Lippen, strenge Sprache, edle Manieren, stramme Haltung,

ruhige Bewegung, vornehmes Tun, und das, was man Gebärde nennt, war ihm wie angegossen. Mir aber wurde dies alles unheimlich, ich weinte fast. Da sagte der freundliche große Mann: Mein Lieber, es ist nicht anders, Ihnen fehlt der göttliche Funken.

Hermann: Hierauf gingst du?

Franz: Nein, denn ich hatte noch anzuhören, wie der göttliche Funken noch einmal zerlegt und ausgepackt wurde; es wurde mir schlecht dabei, und nun habe ich genug von der Kunst, wenn sie ein Funken sein soll. Mit Funken will ich nichts zu tun haben.

Hermann: Willst du auch anhören, wie es mir beim Paganini erging?

Franz: Erzähle, erzähle!

Hermann: Zuerst muß ich mit einem spindeldürren Menschen anfangen; denn das war das erste, was der Meister zu zeigen hatte. Dann schob derselbe eine Hand von sich, so dünn, so dünn. Hierauf maß er mich mit den Augen; ich fühlte mich gestochen; dann hieß er mich ein Stück spielen: seine Stimme war das zarteste Lied, und das Auftun seiner Lippen nichts anderes als Bogenstriche. Ich spielte und erntete wenig Beifall; im Gegenteil ein böses Mißfallen, denn der Meister sagte mit seinem Kopf nur nein; ich sage dir, ein überdrüssiges, gelangweiltes Nein. Ich wußte nichts zu sagen, steckte die Geige ein und ging, und nun – gebe ich das Geigen auf.

Franz: Du hast recht; wenn es solche Martern dulden muß wie die, einen Meister suchen.

Hermann: Geben wir alles auf.

Franz: Ich gehe in den Krieg. Frankreich wirbt Truppen.

Hermann: Ich habe etwas Geld, sonst nichts mehr. Ich komme auch.

Franz: Heinrich wird auch kommen, wenn er nicht mit
seiner Dame besser fährt wie wir mit der Kunst.
Hermann: Hier kommen sie angefahren.
Franz: O Himmel, versteck dich. *(Sie verbergen sich.)*
    Die noble Dame, Heinrich.
Heinrich:
   Du bist die schönste aller Fraun,
   die je ein süßes Kleid nur trug.
   Ich bin Gefangener von dir.
   Ich bin verloren wegen dir,
   da du so schön und vornehm bist.
   O nimm mich doch zum Pagen an,
   zum Schleppenträger deiner Müh'.
   Wenn auch dein Kleid nicht Schleppe hat,
   so gibt's zu schleppen doch genug
   um dich, die du mir heilig bist.
   O wende dein Gesicht zu mir;
   o schau mich lächelnd einmal an
   und nenne treuen Pagen mich,
   der so verliebt ins Dienen ist.
   Dir dienen ist mir Seligkeit,
   ist Kosten an der Schönheit Stamm;
   denn du bist süßer Schönheit Baum.
Dame:
   Was wollen Sie, mein junger Herr?
   Mir dienen, ei, das ist ja schön.
   Sie scheinen vielgelehrt zu sein
   im Schmeicheln um des Schmeichelns Kunst.
   Sie scheinen auch gar lieb zu sein,
   und gern verweilt mein Auge sich
   bei Ihrem, dessen Schein so treu.

14

Nur Probe von der Treue fehlt;
doch dieses Fehlen gilt nicht viel.

Heinrich:

O süße Stimme, klinge doch;
mein Ohr ist nicht zufrieden noch.

Franz: O das ist köstlich. Das ist ein Spaß auf Monate
hinaus.

Hermann: Sie sprechen in Versen. Höre doch.

Heinrich:

Dir dienen, deinen schönen Leib
befühlen, o du liebes Weib.

Dame:

Nur müßten Sie sich nie vergessen.
Ich will Sie aber immerhin
mitnehmen in dem strengen Sinn,
das Kostüm Ihnen anzumessen.

Heinrich:

O lassen Sie die Hand mich küssen,
die Finger, deren Glätten mich
so glücklich machen, als es sich
so glücklich nun hat schicken müssen.

Dame:

Willst du ein zarter Knabe sein,
so übe dich an deinem Finger
im Küssen; in dergleichen Dingen
ist man nie zart genug und fein.

Heinrich:

Entschuld'ge, mein Verliebtsein ist
noch nicht gewöhnt an Maß und Frist.

(Sie gehen ab.)

Franz: Wie er ihr die Hand küßte. Wunderbar.

Hermann: Ein solcher Flegel. Da kommt er schon wieder. *(Verbeugt sich.)* «O lassen Sie die Hand mich küssen.»
Die Vorigen. Heinrich.

Franz: Wie? Heinrich. So schnell von einem Orte weg, der dich so mitgerissen hat?

Hermann: Du machtest artige Fratzen. Wir sahen alles, es ging zu wie auf dem Theater.

Franz: Ihr sprachet in Versen. Abscheulich.

Heinrich: Sie hat mich stehen lassen.

Franz: Sie hat dich ausgelacht?

Heinrich: Sie tat nichts als verschwinden. Ich war so entzückt im Anschauen, so entzückt in Gedanken.

Franz: Da hat sie sich in eine Haustüre gemacht.

Heinrich: Ich weiß es nicht.

Hermann: Hat sie nicht gesagt, deine Seufzer seien ihr zuwider?

Franz: Dein Betragen sei kindisch?

Heinrich: Sie hat nichts dergleichen gesagt.

Franz: Sie hätte es zu deiner Genesung sagen sollen. Sieh: wir gehen in den Krieg. Kunst ist Simpelei. Der Krieger ist darüber erhaben. Es ist das letzte, was ich unternehme; aber ich will es als Mann tun.

Hermann: Ich habe meine Weichheit erschlagen; ich bin Mann geworden.

Franz: Werden wir alle drei Männer.

Heinrich: Ich auch.

Franz: Halt, und Peter?

Heinrich: Ja, Peter.

Hermann: Wir müssen den Peter mithaben. Natürlich! Dann können wir nie aus dem Lachen herauskommen.

Franz: Wo steckt er denn?

Hermann: Ich sah ihn in einem Winkel hocken wie einen

Käfer. Er starrte vor sich hin. Seine Hand hing wie eine Weide hinunter über dem Kopf. Er hatte Prügel bekommen.

Franz: Nun, er soll selber ein Prügel werden.

Heinrich: Mit dem wir andere prügeln.

Franz: Meinetwegen. Kommt jetzt. *(Alle ab.)*

Verwandlung.

Ein Wald. Peter tritt zwischen den Stämmen heraus.

Peter: Sie wollten mich mithaben. Ich sagte immer nein. Das ging so eine Stunde. Zuletzt ließen sie von meiner Halsstarrigkeit ab. Es ist jetzt Zeit zum Sterben. Mein Traum geht in Erfüllung. Alles hier ist wie gemacht, ein Ort und eine Stunde der Erfüllung zu sein. Wie schön ist es im Wald. Ich höre die lieblichste Musik, das treueste Sprechen, das redlichste Sehnen. Mein Weinen hört auf. Was ist es, daß ich nicht weinen kann? Ich weiß es, sage es nicht, freue mich nur daran. Ich habe das Leben mit Weinen verdient, der Tod kommt unentgeltlich. Für das Beste zahle ich nichts; während ich für die Treulosigkeit, den Kummer, das Unwissen reichlich zahlte. Ich bin viel geschlagen worden; nun schlägt der Himmel für mich sein Auge auf. Er hat ein großaufgerissenes Auge. Nun denn, so sterbe ich. Ich kann es früh, weil ich so früh müde bin. Es wäre vieles noch zu sagen, das unaussprechlich ist. Man kann das Unaussprechliche wohl sagen. Aber die Tannen sind so still, daß sie mir Stille gebieten, Tod gebieten. Weil meine Mutter so lieb war, sterbe ich. *(Er stirbt.)*

Der Wind macht den Wald rauschen.

Peters Mutter kommt mit vorgestreckten Armen, eilt auf ihn zu.

DICHTER

Eine Straße. Links ein Haus; rechts ein Garten. Sebastian.

Sebastian: Auf dieses alten Hauses Steinbank will ich mich niedersetzen. Niemand ist da, dem ich sagen könnte, wie müde ich bin. Ich bin Dichter; mein Beruf besteht darin, daß ich Gefühle in dürftige Silbenreihen dränge, die man Verse nennt. Meine Verse sind nach dem Achselzucken und den kalten Blicken derer zu urteilen, die sie lesen, ziemlich schlecht, aber ich jammere durchaus nicht darüber. Es ist nicht zu ändern. Meine Klagen, mögen sie noch so ergreifend sein, sind nicht imstande, einen besseren Künstler aus mir zu machen. Ich tu mir Zwang an und schreibe weiter. Dies tun viele Dichter, denn es gibt eine Menge von womöglich ganz abscheulichen Beweggründen, die ihnen dies befehlen. Mich treibt vielleicht bloße Langeweile, über Dinge zu schreiben, die, wenn sie mich aus den Worten ansehen, mich Trauer, wenn nicht etwas noch viel Schlimmeres empfinden lassen. Die Welt geht darüber hinweg; sie scherzt mit halben Talenten, wie ich eins zu sein scheine. Sie nimmt hin, was sie energisch von sich weisen sollte. Sie nennt mich allerdings, was ich leider nur zuwenig bin, einen Narren; wagt mir dies aber nicht ins Gesicht zu sagen. Ich bekomme es von hinten, von der Seite, flüsternd von oben zu hören. Die Welt läßt es mich ahnen. Ach, daß ich einen Beruf hätte, der mich mein Brot ehrlicher verdienen ließe als dieser halbe, worin ich zu drei Vierteilen stecke. Ist das nicht Hermann?

Hermann tritt auf.

Hermann: Lachen, lachen!

Sebastian: Nun, was hast du?

Hermann: Kaspar hat sich erdrosselt! Der berühmte Kaspar. Er, um dessen nackte Schultern eben erst der goldene liebkosende Ruhm flog. Der Liebling der Kritik, wie sie sagen, angebetet von den Frauen, umschwärmt von Lobpreisungen. Mein Mund kann das nicht ausdrücken.

Sebastian: Und eben in diesem Augenblick erdrosselt er sich?

Hermann: Er konnte den Ruhm nicht ertragen.

Sebastian: Stand er ihm etwa schlecht?

Hermann: In gewisser Weise ja. Er trug ihn, wie der Bettler das Königsgewand trägt. Er seufzte dabei und ging gebückt. Seine schüchterne, linkische, zweifelnde, wägende Figur warf bald ab, was sie nicht berufen war zu tragen. Die Seide, die Perlen, die Kostbarkeiten der üppigen Berühmtheit taten ihm weh. Solche Menschen sind nicht für den Rosenduft und den Goldklang geschaffen.

Sebastian: Seine Sehnsucht nach all den verbotenen Dingen ließ ihn so süß darüber dichten.

Hermann: Er hatte recht, als er sich aus dem Staube machte: der Gedanke war eine feine Eingebung. Sein Name, sein Name! Ich möchte ein Buchstabe dieses Namens sein.

Sebastian: Mir wäre geholfen, wenn ich sein bloßer Klang wäre. Ich würde im Äther schwimmen und meinen eigenen Nachhall einsaugen.

Hermann: Wir sind die Zungen, die ihn aussprechen, was in diesem Augenblick alle Welt tut. Wie verliebt ist sie in den Namen eines berühmten Toten. Gabriel, der lustige Gabriel, hörst du, soll ihm die Leichenrede halten. Man spricht von einem großartigen Begräbnis.

Sebastian: Ich denke, sie müssen mit dem Toten etwas anzustellen wissen, nachdem sie den Lebendigen verhungern ließen.

Hermann: Ich verstehe. Sie gaben ihm Ruhm, aber sie boten ihm nicht die Hände dar, die der Liebelechzende so gern ergriffen hätte. Sie zogen mit ihrer Person in den Hintergrund, um desto lauter brüllen zu können. Sie tragen feine Kleider, spazieren mit gebildeten Damen, unterhalten sich geistreich, lieben das Außergewöhnliche, weil es ihrem Witz Nahrung gibt. Wehe dem Absonderlichen, der sich in den Kreis hineinwagt, wo sie sich anlächeln und langweilen! Du kommst doch auch?

Sebastian: Wohin? Aha! zu Meister Gabriel!

Hermann: Hören, wie weit seine Donnerstimme reicht.

Sebastian: Wo hält er denn seine Rede?

Hermann: Auf der Rathaustreppe. Es wird weder an Menschen fehlen noch an Tränen, die Kaspar nachweinen. Sein Name wird ihnen die feuchte Nachtluft versüßen helfen müssen.

Sebastian: Morgen nacht? Ich komme!

Hermann: Gehen wir. *(Gehen ab.)*

   Oben öffnet sich ein Fenster. Oskar lehnt sich heraus.

Oskar: Ich weiß nicht, wie oft ich schon um diese Stunde meinen Kopf aus dem Fenster gestreckt habe. Alle Abende geschieht dasselbe; ich lege mir keine Rechenschaft darüber ab. Ich sinne an den Sternen herum und finde, daß über ihrer Schönheit etwas schwebt, das ich mir nicht erklären kann; der Mond küßt die weite Erde und den stillen Platz da vor dem Haus. Die Bäume lispeln, der Springbrunnen zittert, die Nacht hat ein Lachen, wofür mein Ohr allzu empfindlich ist. Ich glaube, daß ich seit einigen Tagen Verse schreibe, ohne zu wissen, warum. Mein Rücken wird krumm dabei, denn ich sitze oft stundenlang über ein Wort gebeugt, das den langen Weg vom Hirn auf das Papier machen muß. Ich fühle mich weder glücklich noch elend dabei, sondern vergesse mich. Die Zahl meiner Gedichte ließe sich an den Fingern meiner Hand nachzählen, wenn ich mir die Mühe des Rechnens nehmen wollte. Was nützte das? Ich habe ein Gefühl, das mir sagt, daß ich dabei sterbe. Die Schönheit der Sterne, des Monds, der Nacht und der Bäume peinigt mich. Sie läßt dem Zitternden keine Ruhe. Früher lag ich ebensolang am Fenster, doch ohne die geringste Regung zu spüren. Der Kopf tut mir weh vom Sinnen. Meine Empfindungen sind Pfeilspitzen, die mich verwunden. Das Herz will verwundet und die Gedanken wollen ermüdet sein. Ich will den Mond in ein Gedicht pressen und die Sterne in eins und mich darunter mischen. Was soll ich mit Gefühlen anfangen, als sie wie Fische im Sande der Sprache zappeln und sterben zu lassen. Ich werde mit mir zu Ende sein, sobald ich mit Dichten fertig bin, und das freut mich. Gute Nacht!

Verwandlung.

Der Rathausplatz. Auf einem mit schwarzer Seide behangenen Gerüst der Sarg Kaspars. Fackeln. Gabriel, Sebastian, Hermann und andere.

Sebastian: Ich denke, du wirst mit deiner Stimme Leute genug zusammentrommeln.

Hermann: Wo nicht, was tun die paar Ohren mehr oder weniger zur Sache?

Gabriel: Gleich, gleich.

Sebastian: Du sollst ihnen die Ohren gleichsam mit Füßen treten.

Hermann: Dein Organ ist mir noch unbekannt.

Sebastian: Er wird es dich fühlen lassen. Nun, Gabriel, unsere Ungeduld heißt dich anfangen.

Gabriel: Sogleich.

Er besteigt die Treppe bis zur Höhe des Sarges.

Damen und Herren! Huldreiche Versammlung! Ich bin von einigen Dichtern zum Sprechen am Sarge Kaspars aufgefordert worden. Auch ohne solche Mahnung, die mich ehrt, würde ich es gewiß nicht über mich gebracht haben, hier nicht laut zu werden. Was ich rede, ist von Herzen, es kann also von schwungvoller, schöner Grabrede nicht die Rede sein. Kaspar war mir lieb; ich bewunderte ihn. Seinen Tod, der mich schmerzlich berührt, muß ich beweinen. Sein Leben war kurz, aber strahlend und ruhmreich. Der Engel Berühmtheit küßte ihn ebenso früh wie ihn der Todesengel abholte. Ich hole nichts ein, wenn ich von seinem jungen Ruhme spreche. Die Welt hat ihm zu verstehen gegeben, daß die Bewunderung zu seinen Füßen kniet. Seine Gedichte, mit deren Wohlklang er unsere Ohren erschütterte, werden sein marmornes Denkmal sein, an dessen gerötetem Sockel man weinen wird. Er hat Ruhe jetzt. Meine Rede darf keine lange sein.

Er steigt hinunter.

Sebastian: Gut gemacht, gut gesagt, äußerst vorteilhaft abgekürzt.

Hermann: Sein Organ brüllt noch jetzt in meinen Ohren.

Sebastian: Schütteln wir ihm die Hand.

Hermann: Schütteln wir ihn mit einem braven Handschütteln von uns ab.

Sebastian: Ich wollte Kaspars Name sein.

Verwandlung.
Vor dem Hause der Poetin.

Poetin: Welch ein schöner Morgen. In der kühlen Luft, im erquickenden Hauche kann die abgespannte Seele wohlig ausruhen. Der Traum verliert sich. Ich hatte einen, wenn nicht lächerlichen, so doch sicher absonderlichen Traum. Sinnend stand ich mit der Gänsefeder in der Hand da; plötzlich küßte mir ein hübscher, schlanker Jüngling unter der inbrünstigen Versicherung die Hand, daß heiße Verehrung für mich ihn so unbändig küssen hieße. Ich weiß nicht, wie oft er seine roten Lippen, die wie zwei Seiten eines aufgeschlagenen Buches aus seinem Gesichte lachten, auf meine bleichen Hände drückte, die unter der leidenschaftlichen feuchten Berührung immer weißer wurden. Es wurde mir heiß, und ich habe allen Grund, noch jetzt zu fiebern, wenn ich an das denke, was nun sogleich folgt. Der Traum schoß nämlich einen ganzen Wald von Jünglingen aus sich heraus, die alle sich um meine lächelnde Herablassung scharten und dort küßten, wo es immer irgend etwas Liebliches zu küssen gab. Sie flogen, schwärmten, huldigten um mich herum wie Bienen um den Stock fliegen oder wie Soldaten ihren siegreichen Feldherrn umringen. Sie ließen vom Küssen ebensowenig wie vom zärtlichen Girren und Stammeln ab. Einzelne flehten und andere weinten. Einer, wohl der Ausgelassenste, lachte wie besessen. Sein Gelächter küßte mich so gut wie all das andere; sie hatten alle solche

roten, frischen, verführerischen, wie zwei Seiten eines
Buches aufgeschlagene Lippen.

Welch ein Traum! Welch ein Stoff für eine Novelle!
Welch ein reizendes Gefühl, sich von der Lebendigkeit,
womit sich die Bilder erhalten haben, immer von neuem
küssen zu lassen! Ich glaube, daß aus dem Vorsatz, heute
zehn bis zwölf Gedichte zu schreiben, nicht viel wird.
Gleichwohl möchte ich den Genuß dieses Traumes kei-
nesfalls mit der Erholung vertauschen, die im Aus- und
Abfertigen von anderthalb Novellen schwerlich liegen
könnte. O diese Jünglinge! Ich will ins Haus gehen und
mich weiter daran ergötzen.

Sie geht hinein. Sebastian, Gabriel, Hermann kommen.

Sebastian: Ist dies ihr Haus?

Gabriel: Du willst doch nicht etwa hineingehen?

Hermann: Sie sticht dich tot mit den Spitzen ihres jung-
fräulichen Schnurrbartes.

Sebastian: Ich gehe hinein, koste es mich, was es wolle.

Hermann: Wir wollen alle hineingehen.

Gabriel: Wir wollen sie examinieren. Wir sagen ihr
Schmeicheleien in das begierige Ohr ihrer Schriftsteller-
eitelkeit.

Sebastian: Wir machen sie rot werden damit.

Hermann: Ich verspreche mir wenig Genugtuung davon.
Doch es sei. Und ich will sie in Versen ansprechen.

Sebastian: Gabriels Organ soll die Verzeihung dafür er-
brüllen.

Gabriel: Sie wird ehrliche Begeisterung hinter dem Besuche wittern und uns dichterisch willkommen heißen.

Sebastian: Sie wird von Kaspar wie von einem armen
Schlucker sprechen, für den es Zeit war, abzutreten.

Hermann: Hiernach soll ich sie bei den Ohren nehmen.

Gabriel: Die Erlaubnis dafür mußt du erst von ihrer einsamen, etwas spitzigen und sauren Würde erbetteln.

Sebastian: Ich werde sagen, ich würde, wenn ich dürfte ...

Gabriel: Und sie wird sagen: Nur ganz ruhig, Herr. Bitte, keinen Lärm. Mein Haus ist bis jetzt nur anständigen Leuten eine Herberge gewesen. Und auch das nur ausnahmsweise.

Hermann: Ich werde sie eine bedauerliche Ausnahme heißen sollen.

Gabriel: Ich sehe schon, der Besuch fällt ins Wasser.

Sebastian: Nein, er soll einmal den Finger ins Feuer halten und versuchen, wie brennen schmeckt.

Gabriel: Mein Herz, meine Dame, meine süße, süße ...

Hermann: Herrliches Organ! Nur immer zu! Kommt hinein, damit wir hinauskommen.

Gabriel: Der Gedanke ans Hinauskommen wird ein Genuß sein, wenn wir erst einmal drinnen sind.

Sebastian: Hinein, Organ.

Hermann: Hinein, liebe Nervosität.

Gabriel: Hinein, Schurken.

Verwandlung.

Die Straße vom ersten Auftritt. Links das Haus, rechts der Garten. Sebastian.

Sebastian: Ich bin aller Vorwürfe, die ich mir seit einiger Zeit zu machen pflege, überdrüssig geworden. Weshalb sollte ich nicht sein, wozu ein ehrlicher Mensch nicht zu gebrauchen ist: ein Narr? Wir halten uns gegenseitig für Narren, und den wirklichen Narren kennt niemand, da der Narr in uns allen steckt. Ist Gabriel ein Narr? Gewiß! Ist Hermann ein Narr? Nicht minder gewiß! Wir wollen angelogen sein, und wenn wir die Wahrheit sagen, so ist es nur aus Furcht vor dem Lügen. Der Feige lügt am meisten. Doch bin ich der närrischen, lügenhaften Selbstvorwürfe müde, wie mich überhaupt recht bald eine Unart müde macht. Ich will den lustigen Springbrunnen mit Ruhe betrachten und denken, daß, was dort herangeschlendert und gefault kommt, ein Wesen sei, das aus zwei Leibern, vier Beinen, aber nur einem halben Verstand besteht. Es ist hier schön wie ein Märchen.

Hermann und Gabriel treten auf.

Gabriel: Es war mir, als müßte ich dich gerade hier und an keinem Ort der Welt sonst antreffen.

Hermann: Wir hörten, wie du sagtest: Es ist hier schön wie ein Märchen.

Sebastian: Der Springbrunnen kichert zu deinem abgedienten Witz. Verbessere ihn, wenn du Gefühl hast.

Hermann: Solches habe ich, aber meine Zunge verschmäht es, dich dessen zu versichern.

Gabriel: Hast du den heutigen Leitartikel im Morgenblatt gelesen?

Sebastian: Ich lese keine Zeitungen. Ich bin zu empfindlich dafür.

Hermann: Dieser spezielle Leitartikel aber, worin von Kaspar die Rede ist, müßte dich von aller Empfindsamkeit geradezu heilen.

Sebastian: Ich werde ihn lesen. Es ist hier schön wie ein Märchen.

Gabriel: Die Wolken ziehen, die Bäume zittern, die Luft bebt, die Sterne liebäugeln, der Mond brennt, und das Schönste ist die Wasserkunst da drüben, die über die Blätter spritzt.

Hermann: Ich bin müde.

Gabriel: Vom Dichten?

Hermann: Ja. Sage mir, wo ist des Dichters Heimat?
Gabriel: In der Zeit, in der Erinnerung, im Vergessen.
Sebastian: In der Gunst, die flüchtige Laune uns schenkt.
Hermann: Also ist unsere Heimat ein Geschenk der Laune. Wir wohnen im Palast der Prinzessin Laune.
Sebastian: Bist du nun beruhigt?
Hermann: O ja. Ich will mich über mich hinwegsetzen. Meine Gedanken dürfen nicht Herr werden.
Gabriel: Horcht, Horcht. Spricht da nicht eine Stimme?
Hermann: Ein helles Organ, bei Gott!
Sebastian: Still, still!

Oskar lehnt sich zum Fenster hinaus.

Oskar: Ich will meine Gedanken wie Kanarienvögel aus dem engen vergitterten Käfig Kopf fliegen lassen. Sie sollen die süße, heilige Nacht mit entzückendem Zwitschern erfüllen. Meine Stimme soll ihnen nachrufen: geht, geht, kehrt mir nie wieder zurück. Braucht eure schöne Freiheit, die ich euch schenke, um mir Ruhe zu schaffen. Doch da sind Gefühle übrig, mit denen ich nicht auskommen kann. Ich möchte sie in den dunklen Raum der Welt ausstreuen, daß sie hängenblieben darin wie Sterne. Gefühle, die so unstet im Herzen irren, haben viel vom Flimmern der Sterne. Die Nacht wird nichts dagegen haben, wenn ich sie mit so glühenden Zeichen bereichere, wie Gefühle sind. Die Welt will mich in ihren Raum haben, und ich bin nahe daran, in ihrer Umarmung zu zerfließen. Was gibt's da unten? He?
Sebastian: Was will der Kerl?
Hermann: Laß ihn! Er träumt. Er ist ein Dichter. Sein Organ ist herrlich.
Gabriel: Ich habe nichts gegen seine Stimme einzuwenden.

Oskar (oben im Fenster): Wenn ich mich auflöse, will ich schreien. Es soll schaurig durch die Millionen Täler und über die Millionen Berge klingen. Die Nacht wird weinen. Die Erde wird wütender rollen, und die Menschen werden spüren, daß Dichter nicht einsam sterben.

ASCHENBRÖDEL

Garten hinter einem Hause.

Aschenbrödel:
Ich will nicht weinen, daß sie mich
zum Weinen schelten, bös ist ja
das Weinen nur, das Schelten nicht.
Wenn ich um ihre Hässigkeit
nicht weine, ist der Haß ja lieb
und süß wie Kuchen, weinte ich,
er wär' wie eine Wolke schwarz,
die uns die Sonne neidisch deckt.
Nein, wenn ich weint', empfände ich
den Haß so schwer, daß er sich nicht
mit Tränen nur befriedigte.
Er nähme mir das Leben, er,
ein Ungeheuer, wie er ist,
fräße mich tot. Wie lieblich ist
sein ganzes giftiges Wesen mir,
der Fröhlichen, die nimmer weint,
die keine andern Tränen kennt
als die der Freude, die der ganz
gedankenlosen Lust. Es steckt
ein Kobold in den Sinnen mir,
und der weiß nichts von Traurigkeit.

Wenn sie mich weinen machen, weint
der lustige Sinn in mir, wenn sie
mich hassen, liebt sie meine Lust,
die selbst den Haß nicht hassen kann.
Verfolgen sie mich blind vor Wut
und mit des Ärgers giftigem Pfeil,
so lächle ich. Mein Wesen scheint
das ihrige wie Sonne an.
Rührt sie auch nicht der heitre Strahl,
so blendet einen Augenblick
er ihre bösen Herzen doch.
Und weil ich stets beschäftigt bin,
hab ich zum Weinen keine Zeit,
zum Lachen immer! Arbeit lacht.
Die Hände lachen, die sie tun,
die Seele lacht, die gerne tut,
was andre Seelen freundlich stimmt,
sind sie noch so verstockt. Komm Herz,
und lache meinen Kummer weg.
Sie will gehen. Ihre Schwester oben am Fenster.
Erste Schwester:
Tut doch das Ding, als ob sie wert
des Ansehns wäre, steht so still
wie eine Säul' im Sonnenlicht,
ein Prunk dem Auge, das sie sieht.
Fort in die Küche, fauler Pelz,
weißt schon dein bißchen Pflicht nicht mehr?
Aschenbrödel:
Ich geh' ja schon, beruhige dich.
Mich überfiel ein Sinnen nur,
als eben jetzt den Weg ich ging;
ich dachte, wie so schön du seist,

und deine liebe Schwester auch,
wie beide ihr das Angesicht
so reizend tragt, und vieles mehr,
das meinen armen Neid erweckt.
Entschuldige, und laß mich nun
gehorsam meiner Wege gehn.

Sie geht ab.

Erste Schwester:

Die dumme blöde Träumerin.
Wir sind zu gütig gegen sie.
Die Schelmin lacht uns heimlich aus,
zieht traurige Miene, wenn man sie
beim listigen Kichern überrascht.
Fortan will eine Peitsche ich
für ihre schlaue Trägheit sein.
Das Kleid der Arbeit hülle sie
in staubige, schwarze Wolken ein.
Von Schönheit träume sie alsdann,
die Heuchlerin, die eben jetzt
so müßig stand. Ich will gleich gehn
und sehn, daß sie zu schaffen kriegt.

Sie schließt das Fenster.

Verwandlung.

Zimmer im königlichen Palast.

Prinz:

Was ist es, das mich traurig macht?
Ist es mein eigner Sinn, der mich
mir selbst entfremdet? Ist es Schuld,
die auf mein Leben drückt? Ist's Gram,
den ich von der Natur empfing?
Gram ist der süßen Freude Feind;

das fühl' ich, da ich grämlich bin.
Doch woher dringt die tückische Schmach
auf die verlaßnen Sinne ein?
Dies klärt mir weder der Verstand,
noch sein Kamrad, die Einsicht auf.
Stumm trag ich es, wie es auf mir
nun einmal lastet. – Ah, Musik!
Wes Stimme tönt so friedlich rein?
Was es auch sei, ich küsse es,
das mich so unbegreiflich küßt.
In diesem süßen Kusse liegt
Beruhigung mir. Gram floh dahin.
Nichts hör' ich mehr, als diesen Klang;
nichts fühl' ich mehr, als holden Tanz,
der mit den Gliedern Übung hält.
Tanzt Schwermut mit so leichtem Schritt?
Ei was, sie flog zur Tür hinaus,
und mir ist's wieder herrlich wohl.
Der Narr?

Narr:

Der Narr jawohl, und stets der Narr,
des Reiches Narr, der Narr der Welt,
derjenige liebe süße Narr,
der nichts als immer närrisch war,
der Inbegriff der Narrerei,
am Montag Narr, und ebenso
am Samstag abend, Narr in all'm,
Narr für sich selbst und Narr dem Herrn,
recht seinem Herrn ergebner Narr.

Prinz:

Nun, sage mir, was ist der Gram?

Narr:

Ein Narr ist er; und wer sich ihm
zu eigen gibt, nicht minder Narr.
Daß Ihr sein Narr seid, sagt mir schon
Eur bittersüßes Angesicht.
Pfui, Eure Jugend schilt Euch Narr,
und selbst der Narr nennt närrisch Euch.

Prinz:

Gibt's für den Gram denn Ursach' nicht?

Narr:

Ihr selber seid die Ursach' ihm,
sein Grund, auf dem er festlich blüht,
seid seine Schaukel, die ihn wiegt,
sein Bett, worauf er breit sich streckt.
Es gibt nicht andern Grund als Euch.

Prinz:

Wie soll ich da dem Gram entfliehn,
wenn selber ich sein Becken bin,
was sagen möchte: selbst der Gram?

Narr:

Muß Euch der Narr das sagen, soll
Narrheit so sehr erhaben sein,
ich bitt' Euch, über den Verstand
Gebildeter? Wie? Sagt doch selbst,
dies schickt für Euren Witz sich nicht.

Prinz:

Ich habe meinen Witz gepeitscht,
wie einen faulen, müden Hund
ich nimmer peitschte. Nun ist er
wie tot und rührt kein Schwänzchen mehr.

Narr:

Wir wollen, wie es recht mich dünkt,

die Kleider wechseln; seid Ihr Narr,
und ich nehm Euch als Narrn beim Ohr.
Schlagt Euch die Stirn dann, nennt Euch blöd,
steht tief dann unter meinem Witz,
der Euch belächelt. Wollt Ihr so?
Seid wirklich Ihr der Hoheit satt?

Prinz:

Wär' fröhlich ich, ich gäb' sie hin.
Doch gegen deine Schellenkapp'
vertauscht ich selbst die Last noch nicht,
der ich so gern entledigt wär.

Narr:

Geht auf die Jagd. Ein muntres Roß,
der Jubelruf der Hörner und,
was Herrliches das Handwerk birgt,
tötet das Ding, wovon Ihr meint,
daß untilgbarer Gram es sei.

Prinz:

Wohlan, ich folge deinem Rat
nicht minder, wie mein Vater sich
dem Rat des weisen Kanzlers fügt,
wenn seine eigne Weisheit ihm
beschädigt dünkt. Komm, folge mir.
Ich gehe von der Szene weg
recht wie ein Prinz vom alten Stil
im klassischen Stück, und du, der Narr,
bist heute Narr im besten Sinn.   *Geht ab.*

Narr:

Zum Teufel, ja, das glaub ich gern,
und leicht sei es von mir geglaubt.
's ist ja nicht sondre Schmeichelei.
Im Grunde schmeichelt es mir doch.

Dem Narrn erweist ein Prinz sich lieb
aus lauter Sorg', nicht Narr zu sein.
Ich, der nicht Prinz bin, bin doch Herr
im eigentlichen Sinn des Worts,
da ich des Witzes Meister bin.
Mein Witz herrscht über meinen Herrn,
der aus dem Witz gefallen ist,
erst eben, wo mein Witz ihn hob
zur Höhe seiner Fürstlichkeit.
Fürst ohne Narr, ist wie der Witz,
der einmal übers andere stürzt.
Das ist mir eine Narrerei,
die über ihrem Wesen thront
und es verachtet, das ein Prinz,
der seines Narrn so sehr bedarf.
Doch dazu bin ich ja sein Narr,
daß ich um seine Narrheit bin.
Komm, Narr, und geh dem Narren nach.

Verwandlung.

Ein Bergsturz im Wald. Der Prinz zu Pferd.

Prinz:

Der Ebene zu. Und daß es reißt
wie ein geschwollner Wetterbach.
Die Bäume stürzen vor dem Blick,
der Himmel kreist, die ganze Welt
scheint mir ein lustiges Jagdgefild,
scheint ein verschloßner Park zu sein
für edle Jäger, deren Sinn
weit über ihre Handlung geht.
Wie fühl' ich heitern, süßen Mut,
wie ist mir wohl. Die Tapferkeit

macht die beladne Seele leicht
wie eines schnellen Vogels Flug.
Ich scheine mir ein Bild zu sein,
leblos und doch so lebenvoll,
gelassen und so aufgeregt,
bitter und süß im Augenblick.
Ein Bild voll edler Tapferkeit
ist sorgenlose Jägerei,
der ich von Herzen diene jetzt,
vergessend, was so herzlich ist.
Der Wald ist meine holde Lust,
mein Tanzsaal, wo die Glieder sich
übend erfreun. Die Bäume sind
die Teppiche und Kissen mir
von meines Vaters Prunkgemach.
Wie herrlich hüllen sie mich ein;
ein Traum kann herrlicher nicht sein,
ein Bild nicht süßer, das die Kunst,
die gütige Göttin, selbst gemalt.
Der Tag ist mir ein Augenblick,
so kriegerisch verbracht; so schön
die Zeit erfüllt, ist sie mir Lust,
die nur zu schnell von dannen geht.

Verwandlung.

Großes Zimmer mit einer Galerie. Treppe zu derselben.
Aschenbrödel, die erste Schwester.

Aschenbrödel:
Sich doch auf meine Treu herab.
Sieh, sieh doch. O mein Sinnen ist
ganz nur für deinen Dienst bereit.
Gleich einer Modeschachtel liegt's

geöffnet da, Aufmerksamkeit
liegt wie ein neuer Pelz darin,
dich zu erwärmen. O wie warm
dient dir mein Herz. Ich bitte dich,
schlag tapfer mich mit deiner Hand,
wenn auch nur einen Augenblick,
solang als wie die Wimper zuckt
von deinem Aug', der Dienst mir säumt.
Nie kann er das, da Dienen doch
nur eine süße Lust mir ist.

Erste Schwester:

Dumms Küchending, du bist nicht wert,
daß mit der Peitsche man dich schlägt.

Aschenbrödel:

Zu Füßen stets ja bin ich dir.
Ich darf dir küssen deine Hand,
die milde Hand, die nie mich schlägt,
als um gerechter Strafe will'n.
Du blickst mit deinen Augen mich
wie Sonne an. Ich bin die Erd',
die von dem gütigen Kusse lebt,
und die nichts anderes immer kann,
als lieblich dir entgegenblühn.
Zwar lieblich, ach, das bin ich nicht;
es mangelt ja an Liebe mir –
holdselig ist die Schwester nur,
doch ist sie nicht so schön als lieb,
und schöner doch als Güte ist.
Welch Glück, daß ich zu Füßen ihr
als Dienerin beschäftigt bin.

Erste Schwester:

Schwatz' nicht soviel, verwende du

die Zeit, die mit dem Reden geht,
zum Tun und eifrigem Bemühn.
Die Hand da von dem Kleide weg!

Aschenbrödel:

Wenn ich dir eifrig dienen muß
und doch die Hand nicht brauchen darf:
womit dann tu' ich meine Pflicht?
Wär' sie in des Gedankens Flug
doch nur getan, dann braucht' es nicht
der schmutzigen Hand, die dir mißfällt.
Sehnsucht zög' dir die Kleider an,
bediente auf das feinste dich.
Mein Herz wär' eine Dienerin,
vielleicht gerade zart genug;
die Schaffenslust dann schaffte dir:
wär' wirklich auch damit geschafft?

Erste Schwester:

Schweig endlich doch, wer möchte auch
Ohr haben für soviel Geschwätz.

Aschenbrödel:

Wer möchte auch – ja, ja – und doch
muß meine Zunge hurtig gehn
mit meiner Hand, damit die Lust
sie beide außer Atem hält.
Wort springt aus meinem Munde so
und neckt die Hand, und diese lockt
der Zunge Reichtum wieder weg:
die lustigen Worte, die dann schnell
der Hände Tun verdoppeln, wie
wenn sie auch Finger hätten. Hand
und Sprache küssen sich, vermählt
sind beide auf das innigste.

Erste Schwester:
Faulenzer sind sie beide. Du,
die Meisterin ihnen, bist es so,
daß man dich ewig schlagen muß.
Weg jetzt.
　　　　　　Sie geht ab.
Aschenbrödel (ihr nachrufend):
Schlag, schlag mich doch.
　　　Der Prinz erscheint oben auf der Galerie.
Prinz:
Ich weiß nicht, wie ich da hinein
ins Märchen kam; ich forderte
nur einen Trunk nach Jägerart;
doch diese Räume hier sind so,
daß Augen sie nicht sehn und Sinn
sie füglich nicht erfassen kann.
Ein Schimmer schwebt die Wand dahin,
Geruch streut gelbe Rosen aus;
wie eine Seele kommt's und geht's
und hält mir feierlich die Hand.
Ich stehe wie bezaubert still.
Es klammert um die Sinne sich;
dann wieder wird die Enge weit,
die Decke schwankt, die Galerie
tanzt leise unter meinem Fuß.
Wie ist mir? Ach, dort unten geht
erst recht ein holdes Leben los.
Ich will es nehmen, wie es ist,
wenn ich es auch nicht fassen kann.
Aschenbrödel:
Welch eine Art und Weise dreht
sich doch mit mir im Kreise um,

macht mein Betragen so zum Falsch,
dies Herz zu einem Kugelspiel!
Gefühle rollen Kugeln gleich
wie zur Belustigung hin und her.
Ich, die sie halten sollte, bin
im Reize dieses Spiels verstrickt.
Dies ängstigt mich, und wieder doch
macht es mir winzig wenig bang.
Ich lache, doch im Lachen liegt
mir droh'nder Ernst; der wiederum
gibt herrlich mir zu lachen erst.
Der Ernst in meinem Treiben ist
gefährlich-lächerlich, so daß
selbst Ungemach noch lächeln muß,
das, mein' ich, doch beschwerlich ist.
Nein, wenn ich weinte, lachten mich
der Kummer und die Sorge aus.
Viel lieber lach' ich beide sie
zum rührenden und lieben Ding.
Zum Weinen ist noch übrig Zeit,
wenn einmal Zeit selbst um mich weint.

Prinz   (sich über die Brüstung neigend):
Bist du ein Märchen, holdes Kind?
Sind deine Füße, Hände so,
daß, wenn man sie berührte, sich
die Herrlichkeit in Luft verzög'?
Ich bitte wie ein Fleh'nder dich:
sprich, bist du Bild und scheinst nur so?

Aschenbrödel:
Herr! Aschenbrödel bin ich. Seht,
der Schmutz, der an dem Kleide hängt,
sagt deutlicher es als mein Mund.

Prinz:
   Ein Engel bist du; Zärtlichkeit,
   verlegen um der Worte Sinn,
   stammelt, daß du ein Engel bist.
   Was bist du sonst?
Aschenbrödel:
   Ein recht verlogen närrisch Ding,
   das gerne wüßte, wer Ihr seid.
Prinz:
   Du reichst und nimmst die Antwort mir,
   indem zugleich du wieder frägst.
Aschenbrödel:
   Nein, sagt es nicht. Ihr seid ein Prinz,
   ein Königssohn, das sieht man Euch
   an dem verschollnen Wesen an,
   das unsrer Zeit sich nicht mehr schmiegt.
   Ein Mantel ist von Hermelin
   Euch um die Schulter angehängt.
   Ihr tragt ein Schwert und einen Spieß,
   wie das wohl nimmer Brauch mehr ist;
   so denk' ich wohl. Es kann ja sein,
   daß ich mich irre; Königssohn,
   das aber seid Ihr ganz gewiß.
Prinz:
   Ja, so gewiß, als du die Braut
   mir bist.
Aschenbrödel:
   Ihr sagt, daß Eure Braut ich bin?
   O sagt es nicht! Es tut mir weh,
   gleich von so holdem Knaben mich
   verspottet und mißliebt zu sehn.

Prinz:

Schon seh' die Krone schimmernd ich
in deine Haare eingedrückt,
ein Bild, wovor die Kunst sich spröd
und Liebe sich verlegen zeigt.

Aschenbrödel:

Warum denn kamst du her und wie?

Prinz:

Dies sagt das Märchen dir zuletzt,
wenn auf des lieben Märchens Mund
das Schweigen ruht, wenn Stimm' und Laut
und Farb' und Lärm und Wasserfall
und See und Wald verschwunden sind.
Wenn dies geschieht, wird gleich das Wie
dir in die Augen springen, doch
warum ich hier bin, weiß ich nicht.
Mitleid und Zärtlichkeit ja sind
heimliche Geister, deren Tun
Sinn nicht erratet. Sei nur still.
Begib dich in das strenge Los,
dem du verfallen bist. Es wird
sich alles noch erklären.

Aschenbrödel fällt in ein schlummerndes Sinnen.
Oben auf der Galerie erscheinen der König und der
Kanzler.

König:

Da haben wir den Vogel Greif
nun in der Schlinge; greif' ich dich,
du ausgerißner Schlingel, seh'
ich ärgerlich, es ist mein Sohn.

Prinz:

Still, Vater, rührt Euch nicht.

König:

Ich mich nicht rühren vor dem Sohn,
der wie ein Bub errötend steht
vor meinem Tadel. Bist du vor,
ich hinter dich getreten, Schelm,
daß du dir solche Sprache traust?
Gleich bei der hohen Krone sag',
wie kommst du her, gerade hier,
hierher. Heraus! He! Wird's mir bald,
das stotternde Geständnis, wird's
mir um die Ohren laufen bald?

Prinz:

Ich habe weder Röte, noch
den Stotter, wie Ihr glaubt, ganz still,
ganz ruhig, Vater, meld' ich Euch,
meld es dem Reich, der Welt, ich bin
verlobt.

König:

So?

Prinz:

Ja, ja, verlobt in jedem Sinn,
wie Sprache es nur sagen kann,
ein Schwur beteuern; so verlobt
bin ich.

König:

Sieh! Mit wem?

Prinz:

Mit einem Wunder, das nicht will
ein Wunder sein. Solch ein Geschöpf,
wie nur ein Mädchen sein kann, doch
noch als ein Mädchen unerhört.
Ein Bild, vor dem der Zauber kniet

und sich die blinden Augen reibt.
Das Göttliche am Bilde ist,
daß es sich regt und Leben hat
und mir gehört, so wie ich ihm.
Ein Bund ist das, mein Vater, der
nicht mehr zu lösen ist. Das Blut
ging mit, und unser keines säh
der liebsten Liebe Ende.

König:

Komm, Kanzler, komm!

Prinz:

Laß deine Hand mich küssen, laß
Liebe dir so zu Füßen flehn:
Sie ist, die ich mir nehmen will,
des Throns in jedem Sinne wert.
Zur Zierde wird sie unserem Stamm;
dein Alter wird sie süß erfreun.
O jage nicht den Sonnenschein
weg von des weißen Hauptes Schnee!
Erwärmen und entzücken wird
das Mädchen dich, das mich entzückt.

König:

Schweig doch, du weißt ja nicht, wie ich
gesinnt dir bin. Hör' an, mein Sohn:
Mach' ich auch eine Miene wie
ein Stier, gleich auf die Hörner werd'
ich dich nicht nehmen. Tritt hier mit
ins Schwarz beiseit; im Dunkel so
wird schon ein Wort zu reden sein,
das unsern Hader sanft versöhnt.

Prinz:

Willst du sie nicht noch sehn?

König:
Ich sah sie ja im Geiste schon.
Im Traum bin ich gefangen schon
und gütig gegen sie gesinnt.
Das will nicht sagen, daß ich es
auch gegenüber dir nun bin.
Komm auf die Seite, und du wirst
mein väterliches Woll'n verstehn.
Sie treten tiefer in die Galerie, wo man nur noch ihre
Köpfe sieht.
Aschenbrödel   (unten erwachend):
Nun möcht' ich wissen, ob ich es
mit diesen Händen tappen kann.
Wenn es ein Traum ist, ist es nichts;
denn Träume, freuen sie uns auch,
sind doch nicht eine Regung wert.
Ich will den Fuß bewegen – so –
und nun die Hand, und nun den Kopf.
Die Galerie, worüber sich
das Süße mir herabgebeugt,
ist wirklich und wahrhaftig da,
obschon ich mich entsinnen nicht
und fragen kann, wie es geschah,
daß sich ein Prinz mir zugeneigt.
Sei's, wie es will, die Sache ist
ja noch so schnell verloren nicht.
Vielleicht war sie noch niemals da.
Ich träumte nur in einem Traum
jetzt eben schläferig davon.
Doch jenes Haupt und Lächeln kommt
wie eine Wirklichkeit mir vor,
die vor dem Schlaf war. Schlafen hat

mißtrauisch mich und scheu gemacht,
hat mir das Spiel zerstört, worin
so selig ich verloren war.
Nun mach' ich einige Schritte vor
und seh, daß ich noch gehen kann.
Mein Blick sieht sich im Kreise um
und sieht, daß alles sauber ist,
durchaus nicht so geheimnisvoll,
wie ich es wünschte. Nun, das hat,
das alles, wie gesagt, hat Zeit.
Die Schwestern kommen.

Die beiden Schwestern kommen herein.

Erste Schwester:
He, Aschenbrödel!
Zweite Schwester:
«Hier», wird sie sagen. «Gleich, ich komm'»,
wird ihre faule Rede sein.
Aschenbrödel:
Erzürnt euch nicht. Ich bin ja da.
Auf meinen Knien, wenn ihr wollt,
küß' ich euch Hand und Fuß. So schnell
war ich noch nie zum Dienst bereit;
so gern gehorcht' ich euch noch nie.
Ich bitte, sagt, was soll ich tun.
Zweite Schwester:
Den Schuh hier binden meinem Fuß.
Erste Schwester:
Für mich zum Handschuhmacher gehn.
Aschenbrödel:
Wie gerne spräng' ich gleich für dich,
doch bindet mich das Binden hier.

Wenn ich gebunden habe, fliegt
mein Eifer für die Schwester fort,
die mir befiehlt, zu gehn. Bin ich
dann wieder hier, soll Müdigkeit
nur wieder neuem Dienste stehn.
Nie werdet ihr mich müde sehn,
solange ihr es nicht erlaubt.

Zweite Schwester:

Das ist ja viel zu eng geschnürt,
du träger Klotz, da! – nimm's dafür!

Sie stößt sie weg.

Erste Schwester:

Geh, mach' dich fort, und daß du nicht
auf Gassen und an Ecken säumst!

Aschenbrödel geht ab.

Prinz (auf der Galerie):

Sitzt nicht das eitle Schwesternpaar
wie Haß und Mißgunst brütend da?
Wie schlank sie sind. Sie wären schön,
verwüstete ihr Wesen nicht
der Unverstand, der bleiche Neid.
Ja, wie die finstern Wolken wehn
sie um das süße Sonnenbild,
ihr kleines Schwesterchen, das ganz
verschüchtert ihrer Macht sich gibt,
und sich nicht mehr zu helfen weiß.
Dies sollte mir ein Märchen sein
für Kinder, und für Große auch;
die beiden Modetürme da
und ihr verhaßtes kleines Reh,
verhaßt, weil es so reizend ist.
Wo floh es hin? Es eignet sich,

mich dünkt, fürs Springen nur zu gut.
Daß es mir flieht, befürcht' ich stets.
Heda, ihr Schwestern!

Erste Schwester (umblickend):
Was will der Grobian?

Zweite Schwester:
Zu roh, merkt's Euch, seid Ihr für uns.
Geht Eurem rauhen Handwerk nach,
reizt Hunde, schwingt den schweren Spieß,
schießt Hasen tot, hier ist nicht Platz
für solchen unerzognen Knecht.

Prinz:
Ja, ja, es ist schon gut!

Erste Schwester:
Laß, Schwester, doch den Narren sein.
Sie sprechen für sich.
Aschenbrödel kommt unbemerkt herein.

Prinz (leise):
Du Nachtigall, du holder Traum,
du über alle Phantasie
erhabene Erscheinung, sieh,
wie meine Hände hurtig dir
zur Anbetung zusammengehn.
Die Sprache muß ein Wiesel sein,
sich überstürzend, wenn sie will,
daß es an Ausdruck ihr nicht fehlt;
doch sieht sie ihre Armut ein.
Bewunderung schließt ihr den Mund:
Liebe hält so den Atem an.

Aschenbrödel (lächelnd):
Still, Räusperer, still, still!

Prinz:

Mein Vater will auf seinem Schoß
als sein gekröntes Kind dich sehn.

Aschenbrödel:

Ist er ein alter Mann? Ist er
des Landes König?

Prinz:

Ja, ja, er ist's. Ich bin sein Sohn.
Jetzt eben schalt er Schlingel mich,
der an der großen Nase ihn
herumgeführt. Jetzt lächelt er
und weint die beiden Wangen voll;
doch frag ich ihn, warum er wein',
sogleich bin ich ein Lumpenkerl,
ein Mensch, der keine Ehre kennt,
ein Dieb der hohen Majestät,
ein Flegel in dem besten Sinn.
Drum bin ich stille, mäuschenstill,
und stör' in seiner Ruh' ihn nicht,
worin er deine Anmut träumt.

Aschenbrödel:

Und daß er's tut, will er dir noch
als einem Schlingel nicht gestehn?

Prinz:

Ganz so ist es.

Aschenbrödel:

Versteck dich jetzt.

Der Prinz in seine vorige Stellung zurück.

Aschenbrödel:

Leis lachen meine Engel, die
in Lüften schwebend um mich sind;
sie deuten auf die Köpfe dort,

die über dieser Galerie
zur Hälfte etwa sichtbar sind:
Seht die gigantische Krone nur,
die so zum heitern Lachen zwingt.
Seht eine Stirne kraus gefurcht.
Erblickt nun einen Jünglingskopf
und ratet fleißig, wer es ist;
der Prinz, ganz sicher, ist es nicht.
Sein Kopf vielleicht, auch der ist's nicht;
denn eine Hälfte von dem Kopf
kann doch gewiß der Kopf nicht sein.
Das Netteste am Schauspiel ist,
daß man es still belachen muß,
ganz leise, daß es niemand hört,
vor allem meine Schwestern nicht,
die neben dem Gelächter sind,
von ihm betroffen werden, und
es doch nicht spüren. Ja, es liegt
ein Schlummer in dem großen Saal.
Empfindung ist wie eingepackt
in eine Schachtel. Ich bin auch
ganz über allen Ausdruck müd.
Die Säule hier der Galerie
soll mir ein wenig Wiege sein.

Sie lehnt an eine Säule.
Märchen, phantastisch gekleidet, tritt hinter des
Prinzen und des Königs Rücken auf.

Märchen (flüsternd):
Aschenbrödel!
Aschenbrödel (hervortretend):
Nein, was ist's auch. Wer bist du, sprich!

Märchen:
   Märchen bin ich, aus deren Mund
   dies alles hier Gesprochene klingt,
   aus deren Hand der Bilder Reiz,
   die hier entzücken, fliehn und gehn,
   die das Gefühl der Liebe dir
   im Augenblick erwecken kann
   durch süße Gaben, dir bestimmt.
   Sieh, diese Kleider machen dich
   zum schönsten Fräulein, geben dir
   die Hand des Prinzen in die Hand.
   Sieh, wie das funkelt, wie das blitzt.
   Die Edelsteine, Perl'n, Korall'n
   begehren sehnlich dein zu sein,
   dir Brust zu schmücken, Hals und Arm
   zierlich zu fesseln. Nimm sie hin,
   und nimm es hin, das ganze Kleid!
        Sie läßt den Rock herunterfallen.
   Wenn es zu eng dir etwas steht,
   laß' dich's nicht grämen, vornehm Kleid
   preßt eng sich an die Glieder an,
   schmiegt gern sich gierig an den Leib.
   Was nun den Schuh betrifft, ich glaub',
   daß du dazu das Füßchen hast,
   so zierlich, wie er es verlangt.
   Willst du die Schuhe nun nicht auch?
        Sie hebt sie in die Höhe.
Aschenbrödel:
   Du blendest mich.
Märchen:
   Dich zu erschrecken kam ich her.
   Die Menschen glauben nicht an mich;

doch das tut nichts, wenn nur mein Nahn
sie wieder etwas sinnen macht.
Die Schuh' sind Silber, doch so leicht
wie Schwanenflaum. Ich bitte, faß'
geschickt in deine Hand sie auf.
Sie wirft sie in Aschenbrödels Hände.

Aschenbrödel:

Ach!

Märchen:

Neck' deine Schwestern nicht damit.
Sei edel mit dem edlen Prunk.
Indessen, du beträgst dich so,
wie die Natur in dir dich zwingt.

Aschenbrödel:

O ich versichre dich.

Märchen:

Du bist ein liebes, holdes Kind,
des Märchens wert. Knie nicht vor mir!
Ich bitte, wenn du lieb mich hast,
knie dem, vor dem ich selber knie.

Aschenbrödel *(kniend)*:

Nein, laß mich. 's ist ja Dankbarkeit,
die göttlich sich bereichert fühlt.

Märchen:

's ist wegen deiner Mutter, daß
ich zu dir komme. Eine Frau
so schön wie sie, lebt nimmermehr,
so mit der Tugend ausgeschmückt,
daß Tugend schöner war als sie,
die doch das Schönste – lebt nicht mehr,
als vielleicht noch in dir. Du hast
das Süßeste von ihr, das, was

Frau'n göttlich macht, den Reiz der Ruh',
der in dem edlen Sinne ist,
das Unaussprechliche, wovor
tüchtige Männer knien. Doch still.
Leg nun das Kleid im stillen an,
schleich dich zu Nacht in den Palast;
das weitre weißt du selbst, dies träumt
zu lange schon. Die Szene muß
nun lebhaft wechseln. Staunen soll
erschrecken, und das Märchen geht
dem Ende, seiner Heimat zu.

Geht ab.

Aschenbrödel:

Nun schnell, damit die Schwestern mich
zu früh nicht sehn, und ich zu spät
nicht den Verlust empfinde. Laune möcht'
hier noch verweilen, doch dem Schelm
traut eine Glückliche nicht mehr,
die jetzt mit ihrem Reichtum flieht,
ihn zu verbergen. Laune möcht'
hier lächeln noch, das Glück jedoch,
das lächelnde, lacht mich hinweg.
Schnell, daß der Prinz mich so nicht sieht!

Ab.

Prinz:

He, Aschenbrödel!

König:

Die Nacht ist da, komm, gehn wir heim.

Prinz:

Ich muß hier ewig sein.

Drei Mädchen als Pagen treten auf.

Erster Page:
Wie bang ist mir in diesem Kleid,
das mich zu einem Knaben macht.
Zweiter Page:
Es kitzelt mich, es zupft, es sticht,
es ist ein unnennbar Gefühl,
es küßt am ganzen Körper mich.
Erster Page:
Als ich dem Leib es anzog, schoß
ein Feuer mir ins Angesicht.
Nun ich es trage, weiß ich nicht,
wie ich darin mich fassen soll.
Dritter Page:
Man will es wie die Buben tun,
will springen, lachen, hin und her
die Glieder drehn und kann's doch nicht.
Es preßt wie eine Sünde sich
um meinen jungen, weißen Leib,
macht mich erstarren.
Erster Page:
Und doch, nicht um ein Königreich
möcht' ich, daß die Empfindung mich
nicht ängstigte. Mir ist so wohl
und so wollüstig weh dabei.
Zweiter Page:
Der Himmel und die Erde, wenn
sie aufeinander lägen, halb
so eng gespannt wie diese Tracht
und ich, sie fühlten, was es sei.
Erster Page:
Der Prinz, ihr Mädchen, ruft.

Prinz:

Was wollt ihr und was tut ihr hier?

Erster Page:

Die Szene schmücken, wie dein Traum
und wie das Märchen es verlangt.
Kostbare Stoffe hängen wir
der Galerie zum Schmucke an.
Jetzt streuen wir Essenzen aus,
die das Gemach mit Duft erfüll'n.
Jetzt zünden wir die Leuchter an
und machen so die Nacht im Raum
zum hellen Tage. Hast du noch
uns etwas zu befehlen, sag'
es uns.

Zweiter Page:

Soll'n wir das Volk zusammenschrein,
das dieses Fest beklatschen soll?

Prinz:

Nein, nein, es ist nicht solch ein Fest,
das, wie ihr meint, des Volks bedarf,
es einzurahmen mit Geschrei.
Wir machen unter uns es aus.
Ganz still soll diese Feier sein.
Der öffentlichen Stimme gibt
sie nichts zu brüllen und der Welt
nichts zu bedenken. Unachtsam
wird hier gefeiert, ohn' Bedacht
soll Festlichkeit die Herzen füll'n.
Was wäre uns die Menge da
nicht für ein lästiger Gesell,
da sie nach Pomp verlangen würd',
nach eitler Pracht, die nimmer hier

bei unsrer Lust zu sehen ist.
Ich spüre solche stille Lust,
solch eine süße Heiligkeit,
daß der Gedanke an ein Fest
mir überhaupt verwerflich ist.
Ich war hier festlich schon gestimmt,
noch eh' ihr mit den Kerzen kamt,
dem Fest zu leuchten. Bange Lust,
die halb sich schämt und halb sich freut,
die ein unsäglich Zittern ist,
die am Gelingen zweifelt, ist
Festgeberin hier.

Dritter Page:

Nur diese schlanke Säule noch
laß bräutlich mich umwinden, Herr.

Prinz:

Nun tut mir den Gefall'n und geht,
nehmt besten Dank für besten Dienst.

Erster Page:

Die fein erzogne Pagen sind,
gehn, wenn man ihrer nicht bedarf.

Zweiter Page:

Kommt weg. Des Prinzen Page ist
die Träumerei.

Die Pagen gehen ab.

Prinz:

Ich handle jetzt so sehr im Traum,
daß ich mich füglich fremder Macht
ganz unterwerfen darf. Ist das,
was ich vor Augen sehe hier,
mein Eigentum; bin ich vielmehr
darein nicht wie ein Spiel gestellt?

Wie lange sitz' ich hier nicht schon,
und nichts doch will mir vorwärtsgehn.
Ich glaube gar, ich bin verrückt,
und alles, was hier um mich ist,
ist es nicht minder, ist es wohl
durch Zaubermacht. Doch, wie gesagt,
ich will beherrscht, gefesselt sein.
Mein Blut, obwohl es fürstlich ist,
fühlt unter solchen Banden sich
wohl, überwohl. Ich möchte schrein,
mit solcher Stimme möcht' ich schrein,
daß über alle Welten sich
der Klang verlöre. O wie schön
ist es durch Zwang hier, der doch sonst
den Ort verfinstert, wo er herrscht.
Noch nie war ich so sehr gespannt
auf eines Ausgangs Wunderbild.
Das Ende dieser Sache hier
muß Wunder sein, da sie so bang
mich warten läßt. He, Vater!

König:

Das wird zu ärgerlich. Komm heim.

Prinz:

Hier ist mein immerwährend Heim.
Ich fühle jeden Augenblick
wie einen Kuß, das Gehn der Zeit
berührt die Wange schmeichelnd mir,
die Sinne ziehn am Wohlgeruch.
Ich hange dieser Welt hier an,
wie sie an mir. Ich komme da
nie, niemals weg.

König:
   Und wenn ich dir's befehle nun?
Prinz:
   Du hast hier weder Wort noch Macht.
   Ich gab mich einem Wort schon hin.
   Und eine Macht gebietet mir,
   die mich dich überhören heißt.
   Verzeih mir, Vater, es ist jetzt
   rebellisch junger Drang in mir,
   wie du ihn wohl auch hattest, als
   noch jung du warst. Ich bleibe hier
   und warte, bis sich Leben regt.
König:
   Ich muß wohl auch. Doch damit ist
   noch nicht die Hand gereicht, die dir
   für deine Red' verzeiht.
Prinz:
   Verzeihn ist so unendlich lieb,
   so süß dem, der es einmal übt,
   daß Ihr mir wohl, ich weiß gewiß,
   verzeihen werdet.
König:
   Dummes Zeug!
Prinz:
   Daß es so sonderbar mir ist,
   will ich vergessen, so daß selbst
   Erwartung schweigt und Frage noch
   ihr Tun verhehlt. Ich bin ja hier
   an einem so geliebten Ort,
   daß ich mich wohl gedulden kann.
   Nur der Gedanke macht mir bang,
   wo nur das Aschenbrödel bleibt.

Wie? Wenn sie gar nicht wiederkäm',
wenn sie vergäße ganz und gar,
wo ihr Empfinden hingehört?
Dies ist ja unwahrscheinlich, doch
unmöglich nicht. Die Möglichkeit
ist eine weite Welt, und daß
bereits Geschehnes möglich war,
sieht wie Unmöglichkeit auch aus,
ist mir auch unbegreiflich fast.
Unfaßliches ist ferner wohl
so gut wie bisher möglich. Sei's.
Ich will mich fassen; Menschen ziemt's,
besonders Männern, stolz zu sein.
Doch welche Angst ist in dem Stolz,
erheuchelt so? Und solcher Stolz,
was vor sich selber ist er wert?
Nein, ich will weinen, daß das Kind
Zufall so lang mir ferne hält,
und ich will denken, daß nur dies
es immer sei.

König:

Ich fürchte, während ich so ganz
hier müßig bleibe, schwankt mein Staat.
Laß Unordnung sich wälzen, nun
reizt mich das nahnde Ende doch
des Märchens hier; der Ordnung Gott
will ich dann nachher wieder sein.
Regierung schläft auch einmal gern,
und des Gesetzes Vater ist
auch nur ein Mensch.

Prinz:

Ich hielte gern den Atem an,

schärfer zu horchen ihrem Tritt.
Doch sie hat solches leise Gehn,
daß selbst die Ahnung es nicht merkt,
wenn sie sich naht. O nahte sie
hier dem begierigen Sinn sich doch,
der seine Muskeln fast zerreißt,
sie nah zu fühlen. Wie ist Näh'
so süß, wenn um Geliebtes es
sich handelt, und wie roh ist sie,
wenn Böses uns aufdringlich ist.
Hier sollte Liebliches sich nur
recht wichtig drängen, doch dies ist
der Liebe Weise eben nie.
Sie schweigt, wo sie vergessen muß;
sie hat nicht jenen lauten Schall,
der Falschheit zeichnet. O sie ist
reich, und es braucht der Worte nicht,
sich ihrer zu erinnern: Sehr,
o sehr weit kann die Liebste doch
von hier nicht sein. Dies sagt Gefühl
lebendig mir. Daß nur Geduld
dem Wartenden sich nicht entzieh',
ist alles, was ich denken kann.
Ich muß hier stehn; das steht so fest
wie Machtwort es befehlen kann.
Liebende harren gern; der Traum
von der Geliebten macht die Zeit
sich überstürzen. Was ist Zeit,
als ein Gezänk der Ungeduld,
beruhigt jetzt? Was glänzt mir dort?

Er steigt die Treppe der Galerie hinunter.

König:
Ich kann die Sache nicht verstehn,
warum ich hier der Stille mich
vermähle. Zum Vermählen bin
ich doch zu alt. Verstand schilt mich,
zeigt mit dem Finger auf mich hin,
laut lachend, doch was tut das viel?
Ich bin ja alt und hab' ein Recht,
närrisch zu sein. Die Duldsamkeit
geht fröhlich mit dem weißen Haar
gemeinen Weg. Ich dulde, daß
mein Sohn den Vormund wacker spielt.
Aus Laune, die dem Alter ja
bekanntlich nachhüpft, lass' ich's gehn,
wie Jugendsinn es haben will.
Ich schlafe. – Meinem Silberhaar
steht Müdigkeit so gut, wie Schlaf
greisem, kopfschüttelndem Verstand.

Prinz (unten, mit dem einen Schuh in der Hand):
Ich möchte diesen Gegenstand
als Vorspiel nah'nder Herrlichkeit
und Liebe deuten. 's ist ein Schuh,
der einem feinen Fuß gehört.
Er drückt ein artiges Wesen aus,
als hätt' er Mund und Rednergab'.
Den Schwestern dort, die steinern sind,
gehört die zarte Zierat nicht.
Wo hätten sie den Fuß dazu,
so eng geformt für diesen Schuh.
Wem denn nur ist er? Dieser Frag'
möcht' ich nicht gegenüberstehn;
bang macht sie. Könnt' es wirklich sein?

Wär' er des Mädchens? Aber nein.
Ich tu' mir unnütz weh damit.
Wer gäbe Silber ihr und Gold,
wer ihr so königlichen Schmuck?
Und doch spricht eine Ahnung mir
von Aschenbrödel, zeigt auf ihr
seltsam Benehmen, ihre Fern',
Art überhaupt. Der Zauber ist,
wie ich ja weiß, hier Möglichkeit.
Ich will es wünschen, da ich es
nicht fassen, greifen kann.

*Er geht nachdenklich die Treppe hinauf. Oben steht
Aschenbrödel im Mägdekleid; das Geschenk des Märchens in den Armen tragend.*

Aschenbrödel:
Seid Ihr noch immer hier, mein Prinz?
Prinz:
Entzückend Kind, daß ich noch hier,
ist nur, dich wieder hier zu sehn.
Was trägst du da?
Aschenbrödel:
Seht, schöne Kleider! Seht die Pracht
nur gierig an; ein Königsaug'
kann sich daran erfreun.
Prinz:
Wer gab es dir?
Aschenbrödel:
O das zu wissen, reiz' Euch nicht.
Ich weiß es selber nicht genau.
Genug, daß dieses Süße mein,
und daß ich's tragen könnte, wenn

gerad' ich wollte. Doch – –

Prinz:

Doch – –

Aschenbrödel:

Ich will nicht mehr.

Prinz:

Warum bist du so seltsam kalt?
Wer trübte deiner Seele See
mit Schlamm, daß er so finster sieht?

Aschenbrödel:

Ich selbst, und deshalb seid nur still,
steckt Euren edlen Zorn nur ein.
Es gibt hier keine Kränkung mehr.
Nur – –

Prinz:

Wie? Sag' doch, Liebe!

Aschenbrödel:

Nur etwas ist, das mich noch kränkt:
daß diesen hübschen Sachen hier
ein Etwas fehlt. Den linken Schuh
muß ich vermissen – ah, das ist,
das ist er ja.

Prinz:

Nun ja – und ist's der deinige?

Aschenbrödel:

Wie könnt Ihr fragen, da er doch
dem Bruder hier aufs Tüpfchen gleicht.
So hab' ich denn das Prachtgeschenk
vollständig, und so kann ich gehn.

Prinz:

Um deinem Leib, nicht wahr, um es
holdseligem Leibe anzuziehn?

Aschenbrödel:

Nein, nicht!

Prinz:

Was ist dir plötzlich denn?

Aschenbrödel:

So plötzlich, ja, was ist es denn?

Prinz:

Du liebst mich nicht mehr?

Aschenbrödel:

Ob ich Euch liebe, weiß ich nicht.
Ich liebe Euch, es ist doch klar;
denn welches Mädchen wäre nicht
in hohen Stand und Tapferkeit,
in edle, schöne Art verliebt?
Ich liebe Eure Pracht, die so
geduldig ist und meiner harrt.
Mich rührt, daß Ihr, gerade Ihr
mir, mir gerad' Euch gütig zeigt.
Mich rührt so schnell etwas, ich bin
so hurtig aufgeregt; ich steh'
wirklich ganz elend schutzlos da.
Jedweder kleine Windhauch weht
mein Inneres zum Sturme auf,
um gleich nachher so still zu sein,
wie jetzt es ausgebreitet liegt:
wie sonnbeschienener, ruhiger See.

Prinz:

Ist deine Seele wirklich so?

Aschenbrödel:

So oder anders. Was vermag
ein Wort zu sagen. Allzu roh
ist unsrer Sprache Laut dafür.

Es brauchte der Musik, um das
besser zu wiederholen, sie,
sie tönte es.

Musik.

Prinz:
Horch, welche holde Tanzmusik.
Die Sehnsucht geht mir schwellend auf,
und ich ertrag' es nicht, daß wir
hier länger zögernd stehen. Komm',
laß dich zum Tanze führen. Hier
ist jetzt ein Fest, durch Zaubermacht
uns aufgetan. Entledige dich
der silberschweren Last und komm'.

Aschenbrödel:
In diesem Kleide, Herr, voll Schmutz
und garstiger Flecken? Wollt Ihr denn
mit einer Küchenschürze tanzen, eng
geschmiegt an Ruß und Kehricht sein?
Besinnen würde ich mich doch,
bevor ich also spielte.

Prinz:
Ich nicht.

Er trägt sie die Treppe hinunter.
Wenn er unten ist:

So tanzt ein Fürstenpaar.
Sie tanzen. Nach ein paar Sätzen schweigt die Musik.
Aschenbrödel:
Sieh, sieh!
Prinz:
Als mahnte sie uns, still zu sein.

Aschenbrödel:

Das will sie auch. Sie ist ein sehr
feinfühlig Wesen, will nicht, daß
der Ton durch Tanz verloren geh'.
Sie weist auf unsre Einbildung
uns lebhaft hin: wir tanzen doch
im Traum so gut als wirklich. Tanz
in diesem Fall will nicht getanzt,
gepoltert sein. Empfindung kann
auch tanzen ohne einen Fuß
und ohne Lärm. Still, hören wir,
was die Musik uns ferner will!

Die Musik beginnt von neuem.

Prinz:

Horch, süß wie Traum.

Aschenbrödel:

Ein Traum ja ist sie, die so fein
den Traum in uns sich regen macht.
O, sie verträgt nicht weiten Raum,
sie flüchtet in die Stille sich,
wo nichts als sie die Luft bewegt
zu leisem Schwingen. Senken wir
in ihren völligen Inhalt uns.
Sodann vergessen wir, was doch
vergessen sein muß. Suchen wir
die Fährte der Empfindung auf,
die im gemeinen Drange wir
verloren. Leicht entdecken wir
das Süße nicht. Es braucht dazu
unendliche Geduld, wie Sinn
es kaum vermag. Es ist so leicht,

wie wenn wir leicht begreifen woll'n
das Unbegreifliche. Komm', ruhn
wir heiter aus.

Prinz:

Süß wie Musik klingt deine Red'.

Aschenbrödel:

Still, stört in dem Gedanken mich,
der, halb gelöst, so weh tut, nicht.
Ist er heraus, will lustig ich
und fröhlich sein, wie Ihr verlangt.
Doch nie wird seinen Kerker er,
den Sinn, verlassen, sehr gereizt
fühl' ich in meinem Herzen das.
Er wird ausklingen wie ein Ton,
zaghaft, verschuldet; und nie stirbt
Erinnerung daran. Ein Teil
wird in mir bleiben, bis vielleicht
ein Zufall mich davon erlöst.

Prinz:

Welch ein Gedanke ist es denn?

Aschenbrödel:

Nichts, gar nichts. Es ist Laune nur.
Wenn einem Skrupel wir so sehr
nachhängen wollten – – dummes Zeug – –
das gäbe doch kein Ende uns,
weil Anfang, Mitte, Ende ganz
verschobne Dinge sind, die nie
ein Sinn noch faßte, nie ein Herz
jemals gekannt. Das Ende ist:
ich will mit dir jetzt fröhlich sein.

Prinz:

Wie rührst du mich, und wie entzückt

mich deine unbesonnene Art,
die allen Zeichen, die sie gibt,
nach, vornehm ist. Wir wollen jetzt
vergessen, wo und was wir sind,
Lust teilen, wie Beängstigung
wir redlich teilten. Bist du still?

Aschenbrödel:

Ganz die gefangne Nachtigall,
die zitternd in der Schlinge sitzt
und ihren Laut vergessen hat.

Prinz:

Du schmeichelst mir!

Aschenbrödel:

Ganz dein bin ich, so ängstlich dein,
daß du den Leib mir borgen mußt,
mich tief drin zu verstecken.

Prinz:

Ich gebe dir ein Königreich – –

Aschenbrödel:

Nein, nein!

Prinz:

– – Ein Haus, das du bewohnen wirst.
Es steckt in einem Garten tief;
dein Blick wird an den Bäumen ruhn,
an Blumen und am dichten Busch,
am Efeu, der die Mauer kränzt,
am Himmel, der das Sonnenlicht
dir herrlicher als andern schenkt,
weil es durch Grün gebrochen dringt.
Viel zarter ist dort Mondesstrahl;
die Tannenspitze kitzelt wund
und zärtlich ihn. Der Vogellaut

ist deinen Ohren ein Konzert,
unsäglich schön. Du wandelst still
als Herrin durch die Gartenkunst,
auf Wegen, die, als hätten sie
Empfindung, auseinandergehn
und plötzlich wieder sich in eins
verziehn. Springbrunnen heitern dich,
du Träumerin, auf, wenn du zu sehr
Gedanken nachhängst. Alles wird
eilfertig dir zu Diensten stehn,
wenn es dir nur gefällt, es ganz
nur unter dir zu fühlen, ganz
es heiter zu beherrschen.

Aschenbrödel:
Du machst mich lustig. Nicht, nicht wahr,
ich würde wie auf Händen mich
getragen fühlen? Deiner Hand,
das ist gewiß, würd' ich mich ganz
anschmiegen und glückselig sein.
Doch diese Kleider hier, du siehst, in die
so jämmerlich verliebt ich bin,
die würd' ich dann zur Seite tun,
dürft nicht mehr Aschenbrödel sein – –

Prinz:
Du hast dann Dienerinnen und
Schränke voll süßer Kleiderpracht.

Aschenbrödel:
So? Hab' ich das?

Prinz:
Du wärst den ganzen Tag still dir
selbst überlassen. Nur wenn dich
die Sehnsucht aus dem Garten trieb'

nach Menschen und nach stärkerm Lärm,
als er in deiner Stille dir
begegnet, fändst du im Palast
rauschende Lust genug, Glanz, Pracht,
Musik, Tanz, Toben, was du wolltst.

Aschenbrödel:

Das würde alsdann wieder mir
die Einsamkeit als Gegenteil
sehr lieblich machen und sehr lieb.
Du meinst doch so?

Prinz:

Gewiß.

Aschenbrödel:

Wie lieb du bist. Ich finde nicht
in dem unendlich weiten Land
der Dankbarkeit ein kleines Wort,
dir Dank zu sagen. Laß mich dich
dafür, statt aller Danksagung,
nur küssen, so. O das war süß.
Gut, daß es jetzt zu Ende ist.

Prinz:

Zu Ende? Was?

Aschenbrödel:

Das Springen ist zu Ende jetzt,
der Tanz mit mir. Ich bin nicht dir,
ich bin mir selber noch verlobt.
Gedächtnis mahnt mich, daß ich noch
das Liebe nicht zu End' geträumt,
was hier, hier um mich schwebt, was hier
mir vieles noch zu schaffen gibt.
Siehst du die stillen Schwestern dort,
die wie zu Stein erstarrt uns sehn

mit so erstaunten Augen an?
Mich dauern sie, obwohl sie nicht
des Mitleids wert sind. Aber das
ist nicht die wahre Art, es ist
um meinetwegen ja doch nur.
Ich liebe sie, die mich so hart
und streng behandeln, bin verliebt
in unverdiente Züchtigung,
in böse Worte, um darob
heiter zu lächeln. Dies gibt mir
unendliche Genugtuung,
füllt doch den langen Tag mir aus,
gibt mir zu springen und zu sehn,
zu denken, träumen. Und das bin
von Grund ich, eine Träumerin.
Zu schnell wär' ich mit dir verlobt,
der einer bessern würdig ist.
Das Märchen gibt es nimmer zu.

Prinz:

Das Märchen will's. Das Märchen ist's
gerad', das uns verlobt will sehn.

Aschenbrödel:

Ein muntereres Märchen ist
das träumerische Wesen hier.
Bei dir könnt' ich nicht träumen!

Prinz:

Doch, doch!

Aschenbrödel:

Nein, wo es mir so vorgestellt
wie dem gefangnen Vogel wär',
könnt' ich's nicht zu mir nehmen, könnt's
nicht küssen.

Prinz:
Du willst auf seiner Flucht es sehn.
Es soll dir Mühe kosten, es
zu jagen, nur dann träumtest du,
wenn du den Traum erhaschen müßt'st?
Aschenbrödel:
Wie lieb du mich verstehst. So ist's.
So ist's.
Prinz:
Nun, nun, beruhige dich. Ich weiß,
jetzt gehst du, legst das Kleid dir an,
das Märchen dir beschieden hat.
So Süßes war dir vorbestimmt,
und du entkommst der Fessel nicht,
so sehr zehntausend Launen sich
in dir dagegen sträuben. Darf
ich dich geleiten bis zur Tür?

Sie stehen auf.

Sieh, es wär' schade doch für dich.
Die Feinheit, die du an dir hast,
bestimmt dich zur Gemahlin mir.
Du weinst?
Aschenbrödel:
Weil ich dir folgen muß, und weil
trotz dem Gesagten ich so gern
dir fürder folgen will.
Prinz:
Ich bitte recht, recht sehr.

*Aschenbrödel mit den Kleidern, die sie aufgesammelt
hat, ab.*

He, Vater!

König   (von oben):

Was für ein Mädchen ist das, Sohn!

Prinz:

Ist sie dir recht nun?

König:

Sie soll als Göttin mir den Thron
besteigen. Die Erhebung soll
das Land erregen mit Musik
und Festlichkeit. Ich will gleich hin
und es verkünden unsrem Staat.
Sie unterdessen kommt mit dir
dem Jubel, der wie Weihrauch wird
vorangehn, nach.

König ab.

Prinz:

Ich will hier warten, bis sie kommt.

Zu Aschenbrödel, die im reichen Kleid oben auf der
Galerie erscheint.

Ah, bist du da?

Aschenbrödel:

Zu dienen, Herr.

Prinz:

Ach du! Nein, o wie – –

Er springt ihr gegen die Treppe entgegen.

Aschenbrödel:

Ja, ja.

SCHNEEWITTCHEN

Ein Garten. Rechts Eingang in das Schloß. Im Hintergrund wellige Berge. Die Königin, Schneewittchen, der fremde Prinz, der Jäger.

Königin:
  Sag', bist du krank?
Schneewittchen:
  Was mögt Ihr fragen, da Ihr doch
  den Tod wünscht der, die als zu schön
  Euch immer in die Augen stach.
  Was seht Ihr mich so milde an.
  Die Güte, die so liebreich sieht
  aus Eurem Aug', ist nur gemacht,
  der milde Ton nur nachgeahmt.
  Haß wohnt in Eurem Herzen ja.
  Ihr schicktet doch den Jäger mir
  und hießt ihn zücken seinen Dolch
  auf dies verhaßte Angesicht.
  Ob ich nun krank sei, fragt Ihr mich?
  Spott steht so mildem Munde schlecht.
  Ja, Mildheit wird zum argen Spott,
  wenn sie ohn' Scheu so grausam kränkt.
  Ich bin nicht krank; ich bin ja tot.
  Der gift'ge Apfel tat so weh,

o, o, so weh, und, Mutter, Ihr,
Ihr seid es, die ihn mir gebracht.
Nun, ob ich krank sei, spottet Ihr?

Königin:

Hold Kind, du irrst dich. Du bist krank,
ja ernstlich, wirklich ernstlich krank.
Dir tut die frische Gartenluft
ohn' Zweifel wohl. Ich bitte dich,
gib den Gedanken nur nicht hin
dein schwaches Köpfchen. Sei ganz still.
Sinn lieber nicht so hin und her.
Schaff' dir Bewegung, spring und lauf.
Ruf eilig nach dem Schmetterling.
Schilt auf die Luft, daß sie nicht warm
genug noch sei. Sei Kind, und du
wirst bald verlieren diese Farb',
die wie ein blasses Leichentuch
dein rosig Antlitz überdeckt.
Denk keine Sünd'. Die Sünde soll
vergessen sein. Ich sündigte
vielleicht vor langen Jahrn an dir.
Wer mag sich des erinnern noch?
Unangenehmes ja vergißt
man leicht, wenn man zu denken hat
Lieb's in der Näh'. Du weinst doch nicht?

Schneewittchen:

Ja, weinen muß ich, wenn ich denk',
daß Ihr so schnell Vergangenem
den Hals wollt brechen, wie Ihr mir
ihn brechen wolltet. Weinen, ja,
bei sündiger Vergeßlichkeit,
die schmeicheln will. O, Ihr gebt so

der Sünde Flügel, doch sie fliegt
schlecht mit dem neuen Flügelpaar,
das ihr nicht paßt. Sie liegt so nah
vor mir und Euch, die Ihr sie wollt
wegscherzen mit 'nem Schmeichelwort,
so nah, sag' ich, berührbar nah,
daß ich sie nie vergessen kann,
nie Euch, die sie begangen hat.
Sag', Jäger, schwurst du mir nicht Tod?

Jäger:

Gewiß, Prinzessin, grausigen Tod,
doch übt' ihn nicht, wie laut und wahr
das Märchen ja verkündet hat.
Mich rührte Eure holde Bitt',
Eur Angesicht, süß wie der Schnee,
der unterm Kuß der Sonne liegt.
Ich steckte ein, womit ich Euch
ermorden wollte, stach das Reh,
das eben durch die Quer uns sprang,
sog gierigen Sinns das Blut aus ihm.
Das Eure ließ ich unberührt.
Sagt deshalb nicht, ich schwur Euch Tod,
da ich den Schwur mitleidig brach,
bevor ich Euch ein Leid nur tat.

Königin:

Nun also denn. Was weinst du so?
Er zückte nur zum Spaß den Dolch.
Die Mild' in ihm ja mußte er
zuerst erstechen, stach er dich.
Doch tat er's nicht, da Mild' in ihm
frisch wie der Glanz der Sonne lebt.

Gib einen Kuß mir und vergiß,
blick' fröhlich auf und sei gescheit.

Schneewittchen:

Wie kann ich küssen diesen Mund,
der küssend diesen Jäger trieb
zur rohen Tat. Nie küss' ich dich.
Mit Küssen feuertest du ja
den Jäger hier zum Töten an,
und Tod galt mir im Augenblick,
da er dein süßer Liebster war.

Königin:

Was sagst du da?

Jäger:

Sie mich mit Küssen?

Prinz:

Ich glaube wirklich, das ist wahr.
Der Mann im grünen Kleide hat
weit wen'ger Ehrfurcht, als ihm ziemt,
vor dieser hohen Königin.
Schneewittchen, o wie übel hat
liebloser Haß mit dir gespielt.
Ein Wunder, daß du lebend bist.
Du hieltest Gift und Dolche aus.
Aus welchem Stoff bist du gemacht,
da tot du bist, und doch so hold
lebendig, ja, so wenig tot,
daß Leben sich in dich verliebt?
Sag' mir, stach dieser Jäger dich?

Schneewittchen:

Nein, nein, in diesem Manne lebt
ein mitleidvolles gutes Herz.

Hätt' dieses Herz die Königin,
sie wäre bessre Mutter mir.

Königin:

Viel besser mein' ich es mit dir,
als dir dein heftiger Argwohn sagt.
Ich schickte diesen Jäger nicht
nach dir mit Küssen aus. Dich hat
argwöhnisch blinde Scheu gemacht.
Vielmehr ich liebte immer dich
als mein unschuldig liebes Kind.
Wie hätt' ich Ursach', Grund und Recht
zu hassen dich, die mir so lieb
als wie das Kind der eignen Brust!
O glaube scheuer Stimme nicht,
die Sünde flüstert, die nicht ist.
Glaub' rechtem und nicht linkem Ohr,
ich meine falschem, das dir sagt,
daß ich die böse Mutter sei,
neidisch auf Schönheit. Ach, glaub' doch
solch aberwitzigem Märchen nicht,
das in der Welt begierig Ohr
die Nachricht schüttet, ich sei toll
aus Eifersucht, bös von Natur,
was alles ein Geschwätz nur ist.
Ich liebe dich. Bekennen hat
noch nie aufrichtiger bekannt.
Daß du so schön bist, freut mich nur.
Schönheit am eignen Kinde ist
Balsam für müde Mutterlust,
nicht Trieb zu so abscheul'cher Tat,
wie Märchen sie zugrunde legt
hier dieser Handlung, diesem Spiel.

Wend dich nicht ab, sei liebes Kind,
trau Elternwort als wie dir selbst.

Schneewittchen:

O mit Vergnügen glaubte ich,
da Glauben ruhige Wonne ist.
Doch mit wie vielem Glauben kann
ich glauben, wo kein Glauben ist,
wo schelm'sche Bosheit lauert, wo
Unrecht mit stolzem Nacken sitzt?
Ihr sprecht so milde, wie Ihr könnt,
doch könnt Ihr noch nicht milde tun.
Das Auge, das so höhnisch blitzt,
unmütterlich herab zu mir
so drohend zuckt, lacht unheilvoll
zu Eurer Zunge Schmeichelton,
den es verachtet: Es spricht wahr,
und ihm allein, dem stolzen Aug',
glaub' ich, nicht der Verräterzung'.

Prinz:

Ich glaube, du glaubst recht, mein Kind.

Königin:

Müßt Ihr noch helfen, kleiner Prinz,
zu Flammen Flammen tragen, wo
heilsame Flut so nötig wär'?
Buntscheck'ger Fremdling, tretet nicht
zu nahe einer Königin.

Prinz:

Was wag' ich, der Prinzeß zulieb,
Euch, Unhold gegenüber, nicht?

Königin:

Was?

Prinz:
    Jawohl, und schein' ich klein und schwach:
    dies wiederhol' ich tausendmal,
    zehn-, hunderttausendmal vor Euch:
    Ein arg Verbrechen liegt hier vor,
    das wider Euch, die Königin, zeugt.
    Gift wurde diesem süßen Kind
    wie einem Hunde vorgestreut.
    Warum, sag' Eure Bosheit Euch,
    Eur gut Gewissen! Holdes Kind,
    gehn wir ein wenig jetzt hinauf
    und sinnen diesem Kummer nach.
    Wenn du zu schwach bist, stütze dich
    hier auf die treue Schulter nur,
    die gern empfindet solche Last.
    Euch, Kön'gin, überlassen wir
    vorerst der kurzen Spanne Zeit.
    Dann sprechen wir uns wieder. *(Zu Schnee-*
                        wittchen) Kommt,
    erlaubt die süße Freiheit mir.

           Er führt sie ab in das Schloß.

Königin:
    Geh nur, zerrissen Takelwerk.
    Geh Brautpaar, mit dem Tod vermählt.
    Geh Kummer, führe Schwachheit an;
    und seid recht innig Arm in Arm.
    Komm, holder Jäger, plaudern wir.

               Verwandlung.
Ein Zimmer im Schloß. Der Prinz und Schneewittchen.

Prinz:

Ich wollte so den ganzen Tag
verplaudern Arm in Arm mit dir.
Wie mutet mich die Sprache an,
die aus dem süßen Mund dir kommt.
Wie munter ist dein bloßes Wort.
Entzückt von seinem Reichtum hängt
mein Ohr wie in der Hängematt'
des Horchens, träumt von Geigenton,
Gelispel, holdem Nacht'gallaut,
von Lieb'sgezwitscher. Hin und her
geht Träumen wie der Wellenschlag
des Sees an unseres Gartens Rand.
O sprich, und ich bin stets im Schlaf,
Gefangener der Liebe so,
gefesselt, doch unendlich reich,
frei, wie noch nie ein Freier war.

Schneewittchen:

Ihr sprecht vornehme Prinzensprach.

Prinz:

Nein, laß mich horchen, daß die Lieb',
die unten ich im Garten dir
im Laufgehege schwor, nie sich
in eitlen Worten fort mir weht.
Nur horchen will ich und im Sinn
erwidern deinen Liebeslaut.
Sprich, daß ich immer schweigen kann
und treu dir sein. Untreu ist schnell
mit Worten da; sie spricht so rasch
wie 'n Quell im Winde, der ihn peitscht,
und übersprudelt im Geschwätz.
Nein, laß mich schweigen, treu dir sein.

In diesem Sinne lieb' ich dich
mehr als mit Liebe. Innigkeit
kennt dann sich nicht mehr, überhäuft
mich so wie dich mit Feuchtigkeit.
Feucht sei die Liebe wie die Nacht,
daß nie ein trockner Staub sie trübt.
Red' also, daß wie Tau die Red'
herab auf unsre Liebe fall'.
Du bist so stumm. Was blickst du da?

Schneewittchen:

Ihr sprecht ja wie ein Wasserfall
vom Schweigen, und doch schweigt Ihr nicht.

Prinz:

Was hast du, sprich! Du siehst so ernst,
herab so leidend zu den Zehn,
als suchtest du die Sprache da,
die Liebe flüstert. Sei nicht trüb.
Sprich leicht, wenn dich ein Kummer drückt.
Leg' ihn wie einen Teppich aus,
auf dem wir munter spielen dann.
Auf Herzleid scherzt es sich so gut.

Schneewittchen:

Du redest immer und versprachst
ja Schweigen doch. Was redest du
so hastig stets in einem fort?
Zutraun hat nicht so schnelle Sprach',
und Liebe liebt die weiche Ruh'.
O wenn du meiner Wonne nicht
ergeben bist in jedem Sinn,
so sag' es doch. Sag's, da du sagst,
Untreue spräch' so eifrig fort,
nur sie sei so geschwätzig schnell.

Prinz:

Laß das doch sein.

Schneewittchen:

Ja, laß uns plaudern, lustig sein.
Schwermut und niedern Kummer laß
verbannen aus der Liebe Reich.
Laß scherzen, tanzen, schreien uns.
Was kümmert uns das Weh der Zeit,
die uns zu schweigen anbefiehlt!
Nun, siehst du in dem Garten was?

Prinz (der zum Fenster hinaussieht):

Ach, was ich seh', ist hold und süß
dem bloßen Auge, das nur schaut.
Dem Sinn ist's heilig, der das Bild
in seine feinen Netze nimmt.
Dem Geist, der das Vergangne weiß,
ist's häßlich wie die schlammige Flut
von trübem Wasser. Ach, 's ist ein
zwiefacher Anblick, süß und schlecht,
gedankenvoll und hold. Sieh doch
mit deinen Augen selbst es an.

Schneewittchen:

Nein, sag', was siehst du? Sag' es nur.
Den Lippen dann entnehme ich
die feine Zeichnung solchen Bilds.
Wenn du es malst, so milderst du
gewiß mit weisem, klugem Sinn
des Anblicks Schärfe. Nun, was ist's?
Gern, statt zu schauen, hört' ich es.

Prinz:

Es ist die holdste Liebeslust,
die je ein liebend Paar entbrannt.

Die Königin küßt des Jägers Mund,
und er gibt Kuß um Kuß zurück.
Sie sitzen unterm Weidenbaum,
des lange Äste niederwehn
auf beider Haupt. Der Rasen küßt
das Wirrwarr der verknüpften Füß'.
Das Holz der Bank seufzt unterm Druck
der Leiber, die ein Leib nur sind
in der Umarmung Liebeswonn'.
O, so liebt sich ein Tigerpaar
im Urwald, ganz der Welt entrückt.
Die süße Wonne macht sie eins,
reißt los sie, nur um inniger sich
von neu'm zu geben. Ich bin sprach-
und bilderlos vor solchem Bild.
Willst du es sehn und sprachlos sein?

Schneewittchen:
Nein, es würd' übel mir dabei.
Komm weg doch von dem schnöden Bild.

Prinz:
Kaum läßt es aus dem Zauber mich
der Farben los. Es ist ein Bild,
des Maler süße Liebe ist.
O, wie sie liegt, die Königin,
erdrückt in seinem starken Arm.
Wie sie nun schreit vor Lust und wie
der Kerl sie nun mit Küssen deckt.
So deckt man eine Schüssel zu,
nein, einen Himmel, Himmelslust
ist dieses Mundes Öffnung ja.
Der Schurke ist ganz unverschämt.
Er glaubt, sein grünes Jägerkleid

sichr' ihn vor Stichen. Stich ist das,
was so entzückt herauf mir scheint.
O, ich bin rasend. Dieses Weib!
Nicht dieser Kerl, o, nur das Weib!
Was schadet doch der rohe Kerl.
Ach, dieses süße, süße Weib. –
Könnt' ich den Sinn verlieren doch,
der das gesehn. Nun bin ich hin.
Sturm wütet über alles weg,
was Liebe hieß, noch heißen möcht',
doch nicht mehr heißt. Geh alles fort.

Schneewittchen:

Weh mir, die ich dies hören muß.

Prinz:

Weh uns, daß ich das sehen mußt!

Schneewittchen:

O, ich verlange ja nichts mehr,
als daß ich lächelnd tot bin, tot.
Das bin ich auch und war es stets. –
Nie fühlt' ich heißen Lebenssturm.
Ich bin so still wie weicher Schnee,
der für den Strahl der Sonne liegt,
daß sie ihn nimmt. Schnee bin ich so –
und fließe bei dem warmen Hauch,
der mir nicht, der dem Frühling gilt.
Süß ist dies Sickern. Liebe Erd',
nimm mich in deine Wohnung auf!
So weh ist an der Sonne mir.

Prinz:

Bereit' ich dir dies schlimme Weh?

Schneewittchen:

O nein, du nicht. Wie könntest du!

Prinz:

Wie hold du bist. Wie du mir lachst,
entgegenlächelst! Lieb' mich nicht.
Ich störe nur den Frieden dir.
O, ließ ich dich doch in dem Sarg.
Wie schön du darin lagst. So liegt
Schnee auf der stillen Winterwelt.

Schneewittchen:

Schnee, immer Schnee?

Prinz:

Verzeih, du liebes Winterbild,
du Abbild frommer, weißer Ruh'.
Kränkt' ich dich, so geschah es doch
in Liebe nur. Nun wendet sich
Lieb' weinend wieder von dir ab,
der Königin zu. Verzeih der Lieb',
daß sie dich aus dem Sarge nahm,
dem gläsernen, worin du lagst
mit Rosenwangen, offnem Mund
und Atem, der Lebend'gen gleich.
Dies war ein Bild zum Sterben süß:
Hätt' ich es doch gelassen so,
dann kniete Liebe noch vor dir.

Schneewittchen:

Schau, schau! Nun ich lebendig bin,
wirfst du mich wie die Tote weg!
Wie seltsam seid ihr Männer doch.

Prinz:

Schilt mich nur recht, dann tust du lieb.
Hass' mich und ich knie vor dich hin.
Nenn einen schlechten Schelmen mich:
du tust mir wohl. Doch laß mich jetzt

die holde Königin suchen gehn,
die aus unwürd'ger Liebe ich
befreien will. Ich bitte, sei
recht bös, ja, recht ergrimmt auf mich.

Schneewittchen:

Warum auch? Sag' mir doch, warum?

Prinz:

Ei, weil ich solch ein Schurke bin,
der weg von dir zur andern läuft,
die seinen Sinn nun höher reizt.

Schneewittchen:

Ein Schurke bist du nie! So, so?
Den Sinn, den Sinn dir höher reizt?
Ei, welcher Unsinn ist im Sinn.
Welch eine Meute Hunde reizt
dir so den Sinn, daß wie das Reh
erschrocken du dem Feinde fliehst,
der dich verfolgt. Je nun, es sei.
Flieh weg von mir, dem Bache zu,
der dich mit bessrem Wasser labt.
Ich bleib' und lächle, necke dich
mit ausgestreckter, blasser Hand,
folg' deiner Flucht mit lustiger Stimm',
die ruft: Schneewittchen wartet dir,
komm, klopfe an die alte Tür;
und lache laut. Du wendest dann
das liebe treue Haupt mir um,
flehst, daß ich doch nur schweigen möcht',
da Schreien keinen Zweck. – Geh doch!
O geh doch, ich entlasse dich.
Empfiehl mich meiner Königin.

Prinz:

   Empfehlen dich der Königin?
   Wie? Träum' ich?

Schneewittchen:

   Nun ja. Ist es mir nicht erlaubt
   durch dich zu grüßen die Mama,
   die unten in dem schatt'gen Park
   mit Stickerein beschäftigt ist?
   Sie stickt an einem Liebeszeug –
   was geht's mich an. Ich schuld' ihr Lieb',
   und Liebe grüßt sie so durch dich.
   Sag', ich verzeih ihr. Oder nein,
   weil das in diesem Falle doch
   sich für das Kind nicht eben schickt,
   fleh' auf den Knien für mich Verzeihn.
   Du wirst ja eigner Liebe halb
   schon knien müssen. Sag's dann so
   als Zuckerbrötchen nebenbei,
   und merk' dann auf, wie hold sie nickt,
   wie in beklemmter Rührung sie
   die Hand zum glühnden Kuß dir läßt,
   und mir, weil du so artig warst,
   Verzeihung für den Fehler schickt.
   Wie ungeduldig harr' ich auf
   das Mutterwort. So geh doch schnell.

Prinz:

   Schneewittchen, ich versteh' dich nicht.

Schneewittchen:

   Das tut zur Sache ja doch nichts.
   Geh jetzt, ich bitt' dich. Laß allein
   die Blume, die der Einsamkeit
   nur ihre volle Blüte zeigt.

Für dich war sie doch nicht bestimmt;
deshalb sei ruhig. Geh, laß mich
dem Träumen hier, das reich sich auf
wie eine bunte Pflanze schließt.
Geh zu der andern Blume, geh
und sauge dir den süßern Duft.

Prinz:

Sei du selbst ruhig. Warte hier.
Ich bringe dir die Königin
versöhnt zurück. Ich suche sie
jetzt in dem schatt'gen Garten auf.
Den Schurken Jäger stelle ich
zur Rede, wann und wo und wie
ich ihn auch treffe. Bis dahin
sei ruhig und erwarte uns.

Geht ab.

Schneewittchen:

Er ist voll Unruh' und empfiehlt
die Ruh' mir, die in reichrem Maß
als sein, sich mein bemächtigt hat.
Geh alles, wie es gehen muß.
Des Prinzen Untreu' tut mir weh.
Doch wein' ich nicht, gerade wie
ich auch nicht jubeln würde, hätt'
Beweis ich seiner innigen Lieb'.
Erregter, als Erregung tut,
mag ich nicht tun, und die schweigt still,
würgt ihre Angst hinunter, so
tu ja auch ich. Aha, da kommt
die Mutter selbst und ganz allein.

Zur Königin, welche auftritt.

O gute Mutter, o verzeiht.

Sie wirft sich ihr zu Füßen.

Königin:
  Weshalb denn? Steh doch auf, mein Kind.
Schneewittchen:
  Nein, auf den Knien so vor Euch.
Königin:
  Was hast du, was bewegt dich so,
  was zittert so in deiner Brust?
  Steh auf und sage, was du hast.
Schneewittchen:
  Zieht nicht zurück die milde Hand,
  die ich mit Küssen decken will.
  Wie sehnt' ich mich nach diesem Druck!
  Verlegene Entschuld'gung fleht
  so bange um Verzeihung nicht,
  wie ich Euch hier. Vergeßt, verzeiht.
  Seid meine gnädige Mutter doch.
  Laßt Eurer Güte Kind mich sein,
  das bang an Euren Leib sich schmiegt.
  O süße Hand, ich dacht' von dir,
  du stelltest meinem Leben nach,
  botst mir den Apfel: 's ist nicht wahr.
  Sünd' ist so fein erfunden nur
  von der Gedanken Vielerlei.
  Das Denken ist die einz'ge Sünd',
  die es hier gibt. O sprecht mich frei
  vom Argwohn, der Euch so verletzt.
  Ich will nur lieben, lieben Euch.

Königin:

Wie? Schickt' ich dir den Jäger nicht?
Trieb ich mit Küssen ihn nicht an,
zu tun die große, große Sünd'?
Bedenk, daß du nicht richtig denkst.

Schneewittchen:

Ich fühle nur! Gefühl denkt scharf.
Es weiß von dieser Sach' genau
die Punkte alle. Doch, verzeiht,
weit edler als Gedanken denkt
Gefühl sich eine Sache aus.
Sein Urteil, allen Urteils bar,
urteilt viel schärfer, schlichter auch.
So mag ich von dem Denken nichts.
Es grübelt nur so hin und her,
hochwicht'ger Mien' und Meinung voll,
sagt, dies ging so zu, und besteht
auf kleinlichem Verdammungsspruch.
Weg mit dem Richter, der nur denkt!
Fühlt er nicht, denkt er winzig klein.
Sein Urteil hat das Magenweh,
ist blaß und macht den Kläger toll,
spricht erst recht von der Sünde frei
den Sünder, hebt die Klage auf
in einem Atem. Holt herbei
mir jenen andern Richter, das
süße, nichtswissende Gefühl,
hört, was es sagt. O, es sagt nichts.
Es lächelt, küßt die Sünde tot,
liebkost als seine Schwester sie,
erwürgt sie küssend. Mein Gefühl
spricht Euch von aller Sünde frei,

liegt auf den flehnden Knien vor Euch
und bittet, nennt mich Sünderin,
mich, die so bang Verzeihung fleht.

Königin:

Den gift'gen Apfel schickt' ich dir;
du aßest ja davon und starbst.
Dich trugen Zwerge in dem Sarg,
dem gläsernen, bis auf den Kuß
des Prinzen du lebendig wardst.
Es ist doch alles so, nicht wahr?

Schneewittchen:

Bis auf den Kuß ist alles wahr.
Hier diese Lippen küßte nie
noch ein entweihnder Männermund.
Der Prinz, wie könnt' er küssen auch;
er hat ja noch kein Haar am Kinn,
er ist ein kleiner Knabe noch,
sonst edel, aber furchtbar klein,
schwach, wie der Leib, worin er steckt,
klein, wie der Sinn, woran er hängt.
Von einem Prinzenkusse sagt
nichts mehr, Mama. Der Kuß ist tot,
als hätt' er nie das Naß gespürt
beidseitigen feuchten Lippenpaars.
Von was doch wollt' ich reden? Ah,
von Sünde, die auf Knien liegt
vor Euch, der lieben Sünderin.

Königin:

Nein, das ist falsch. Du lügst dir selbst
ein Märchen vor. Das Märchen ja
sagt, daß ich schlimme Kön'gin sei,
daß ich den Jäger dir gesandt,

den Apfel dir zum Essen gab.
Erwidere genau hierauf.
Nicht wahr, du flehst zum Spotte nur
mich um Vergebung. Alles dies
ist einstudierte Gest' und Art,
Wort, das du schlau dir eingeübt?
Argwöhnisch, in der Tat, hast du
nun mich gemacht. Was tust du da?

Schneewittchen:

Schaun auf die milde, güt'ge Hand,
sehn, wie sie schön ist, wunderbar
in einem Kind die Rührung weckt,
die gänzlich fast erloschen war.
Nein, Ihr seid keine Sünderin:
wo hättet Ihr den Sinn dazu?
Ich auch bin keine. Wir sind noch
von aller Schande fleckenlos,
sehn rein zum reinen Himmel auf,
tun mild ja, wie es hier geschieht.
Wir taten einmal Böses uns.
Doch das ist schon zu lange her,
um es zu wissen. Tut mir auf,
ich bitte Euch, den lieben Mund;
erzählt etwas recht Lust'ges mir.

Königin:

Ich sandte, dich zu töten, aus.
Liebkosungen und Küsse nicht
spart' ich an dem, der nach dir ging,
der wie das Wild durch Wälder dich
und Wiesen jagte, bis du sankst.

Schneewittchen:

Ah, die Geschichte kenn' ich ja,

auch die vom Apfel, die vom Sarg.
Erzählt was andres, seid so gut.
Kommt Euch nichts andres denn zu Sinn?
Hangt Ihr an diesen Zügen so,
daß Ihr sie immer zeichnen müßt?

Königin:
Mit Küssen, Küssen feuerte
den Jäger ich, den Mordkerl, an.
Ach, wie die Küsse regneten
wie Tau auf das Gesicht herab,
das Treu' mir schwor und Unheil dir.

Schneewittchen:
Vergeßt es, liebe Königin.
Ich bitte Euch, denkt nicht daran.
Rollt nicht die großen Augen so.
Was zittert Ihr? Ihr tatet ja
Eur Leben lang nur Gutes mir;
dafür bin ich so dankbar Euch.
Wüßt Liebe bessre Worte, spräch'
sie vielleicht weniger ungeschickt.
Dafür ist Liebe grenzenlos,
weiß nicht zu sprechen, da sie ganz
in Eurem Sein versunken ist.
Haßt mich, damit ich lieben kann
nur um so kind'scher, um so mehr
der Innigkeit allein zu lieb,
aus keinem andern Grunde als
weil Lieben süß und köstlich ist,
dem, der es schlicht entgegenbringt.
Haßt Ihr mich nicht?

Königin:
Ich hasse mich viel mehr wie dich.

Einst haßt' ich dich, mißgönnte dir
die Schönheit, aller Welt zum Trotz,
weil alle Welt so laut dich pries,
dir Huldigungen brachte und
daneben mich, die Königin,
scheel ansah. O, das brachte auf
mein Blut und macht' zum Tiger es.
Ich sah mit eignen Augen nicht,
ich horchte nicht mit eignem Ohr.
Grundloser Haß nur sah und hört',
aß, träumte, spielt' und schlief für mich.
Ich legte traurig mich aufs Ohr,
tat, was er tat. Das ist vorbei.
Haß will jetzt lieben. Liebe haßt
sich selbst, daß sie nicht heft'ger liebt.
Doch sieh, da kommt der junge Prinz.
Geh, küss' ihn, nenn ihn deinen Schatz.
Sag' ihm, ich sei ihm herzlich gut,
trotz bittrer Worte, die er gab
zugunsten deiner. Geh und sag's!

Der Prinz tritt auf.

Prinz:
  Euch, holde Königin, such' ich auf.
Königin:
  Wie? Hold? Das ist ein art'ger Gruß.
  Ich lieb' Euch, Prinz, Schneewittchens halb,
  mit der Ihr Euch verloben wollt.
Prinz:
  Schneewittchen will nicht Braut mir sein.
  Sie sagt, ich hätte andern Sinn,
  als da ich aus dem Sarge sie

gehoben und hierher geführt.
Und hat sie recht, so seid Ihr schuld.
Euch, Königin, geb' ich ganz mich hin.

Königin:

Woher die schwache Sinnesart,
die wie ein Schilfrohr hin und her,
wenn Wind es schüttelt, sich bewegt?

Prinz:

Woher? Ich weiß wahrhaftig nicht.
Doch das weiß ich nur zu genau:
daß ich verliebt bin, und, in wen?
In Euch, die Ihr die Königin seid.

Königin:

Solch Lieben, ei, behagt mir nicht.
Das geht zu schnell. Zu jugendlich
ist Euer ganz Betragen mir,
zu wankelmütig Euer Sinn,
zu schnell solch Wesen. Habt Geduld
und sagt mir nicht, Ihr liebet mich.
Vielmehr Ihr habt zu schelten noch
mit mir, Schneewittchens halb, die Ihr
ganz lieblos zu vergessen scheint.
He, Jäger!

Prinz:

Was soll der Schurke?

Königin:

Er ist kein Schurk'. Im Jägerkleid
wiegt er zehntausend Prinzen auf.
Seid nicht so hitzig, denkt, wem Ihr
mit Eurem Sturm zu nahe tut.

    Zum Jäger, welcher erscheint.

Aha, da bist du.

Jäger:

Was befehlt Ihr?

Königin:

Spiel' uns, als ob es wirklich sei,
die Szene mit Schneewittchens Not,
die sie im Wald gehabt, hier vor.
Tu so, als ob du töten wolltst.
Du, Mädchen, flehe wie im Ernst.
Ich und der Prinz, wir sehen zu
und tadeln euch, wenn ihr zu sanft
die Rollen spielt. Wohlan, fangt an!

Jäger:

Schneewittchen, komm, ich töte dich.

Schneewittchen:

Ei, als ob das so schnelle ging.
Zückt erst den Dolch. Ich ängstige
vor Eurem stolzen Drohn mich nicht.
Weshalb erwürgen wolltet Ihr
hier dieses Leben, das Euch nie
beleidigte und wehgetan?

Jäger:

Die Kön'gin haßt dich; sie befahl,
hier dich zu töten, heftig trieb
sie mich mit süßen Küssen an.

Königin:

Ha, ha, mit Küssen, ha, ha, ha.

Schneewittchen:

Was fehlt der lieben Königin?

Königin:

Nichts, spielt nur fort. Ihr macht es gut.

Prinz:

Der Schurke spielt die Schurkenroll

naturgemäß; sie steht ihm an
so knapp wie seine Jägertracht.

Königin:

Prinz, Prinz!

Jäger (zu Schneewittchen):

Deshalb bereite dich zum Tod.
Mach' keine Umständ', bitte nicht.
Du bist der Königin Sand im Aug',
mußt fort von dieser schönen Welt.
So will sie es, die mir befiehlt.
Mach' fertig, was doch sträubst du dich?

Schneewittchen:

Soll ich nicht wehren dürfen, wenn
der freche Tod am Hals mich packt?
Bist du der Tod, o harter Mann!
Nicht glaub' ich's; du blickst mild und gut,
auf deinen Brau'n wohnt sanfter Sinn.
Du tötest Tiere, Menschen nicht,
die deine offnen Feind' nicht sind.
Ich seh' es ja, Mitleid macht dich
die Waffe senken. Dank, o Dank!
Hätt' deinen Sinn die Königin.

Königin:

So? Wirklich? Ist dir heiliger Ernst,
vergißt du dich und red'st du wahr? –
Dann, Jäger, bitte, falle aus
der Roll', die solchem Mann nicht ziemt.
Renn auf die böse Dirne ein,
die heut den ganzen Nachmittag
mit hinterlist'gem Schwatzen mich
beängstigte. O, töte sie
und bring ihr falsches Herz hierher,

leg's deiner Königin zu Fuß.

Der Jäger zückt den Dolch auf Schneewittchen.

Prinz:

Was? Was? Schneewittchen lauf davon.
Schurke, halt ein. O Königin,
welch eine Schlange seid Ihr doch.

Königin   *(indem sie lachend dem Jäger den Arm hält):*

Es ist ja alles nur ein Spiel.
Kommt in den Garten. Frühlingsluft,
Auf-, Niedergehn im schatt'gen Park,
Plaudern auf dem bekiesten Weg
sei des Gezankes frohes End'.
Ich bin in Eurem Aug' 'ne Schlang',
viel Schlimmres noch. Das tut ja nichts,
denn schon die nächste Stunde wird
Euch zeigen, daß ich es nicht bin.
Schneewittchen, komm. Prinz, Ihr erlaubt,
ich nenne sie mein herzig Kind.
Wir spielten ja soeben nur!
Traun, und die Rollen standen gut.
Es wurde wie zum Spaß ein Dolch
in eines Jägers Hand gezückt:
Wer ist der Schurke – ha, ha, ha.
Kommt, kommt nun in den Garten all.

Prinz:

Doch traue ich Euch noch nicht recht.

Königin:

Kommt, Hasenprinzchen! Jäger komm.
Gelächter so begleite uns.

Jäger:
  Ja, Königin.

Sie gehen ab.

Verwandlung.

Garten wie in der ersten Szene. Königin und Schnee-
wittchen treten auf.

Königin:
  Nun klagst du wieder wie vorher,
  bist bitter, gibst mir traurigen Blick.
  Weshalb die stumme Änderung?
  Du weißt, ich hege keinen Groll;
  ganz grundlos also trauerst du.
  Der Prinz ja wieder wandte sich
  von neuem dir in Liebe zu;
  du schmollst und merkst die Liebe nicht,
  die dir von allen Seiten naht.

Schneewittchen:
  Ach, den Gedanken, daß Ihr mich
  haßt und verfolgt, bring' ich nicht los.
  Stets folgt er mir im bangen Sinn
  und nie, solang ich lebe, kann
  den Sinn ich reinigen davon.
  Es klebt wie Schwarz im Herzen mir,
  verdüstert jeden freud'gen Klang
  der Seele mir. Ich bin so müd,
  und gern läg' ich im offnen Sarg
  als ein empfindungsloses Bild.
  Wär' ich bei meinen Zwergen doch,
  dort hätt' ich Ruh' und Ihr vor mir.
  Ich plag' Euch, und ich seh's Euch an:
  Ihr wünscht mich tausend Meilen fort.

Königin:
  Nein, nein.
Schneewittchen:
  Ach, wär' ich bei den Zwergen doch.
Königin:
  Wie war's dort? War es still und schön?
Schneewittchen:
  Still wie der Schnee lag Ruhe dort.
  Wär' ich bei ihnen, die so gut
  wie Brüder zu mir waren; dort
  glänzt es von muntrer Sauberkeit.
  Schmerz, als ein garst'ger Speiserest,
  dem feinen Sinn unangenehm,
  war fremd des Lebens blankem Tisch.
  Lust, wie ein Bettuch, war so rein,
  daß man in Schlummer drauf versank,
  ins Reich der bunten Träumerein.
  Unedelmütiges Wesen war
  dort unterm Volke unbekannt.
  Ein jeder liebte milde Sitt',
  artig Benehmen. Süß Gespräch
  fand an den Lippen Widerhall.
  Wär' ich noch dort. Doch trieb es mich
  ja weinend wieder her zu Euch,
  zur Welt zurück, in der ein Herz
  hinsterben und verwelken muß.
Königin:
  Haß unter deinen Zwergen gab
  es also nicht? Dann vielleicht auch
  war ihnen Liebe gänzlich fremd.
  Denn Haß nährt Liebe, wie du weißt,

und Liebe liebt am liebsten doch,
du weißt ja, kalten, bittern Haß.

Schneewittchen:

Nie spürt' ich dort ein rauhes Wort,
nie trübte Haß die Lieb'. Ob Lieb'
da war, das weiß ich wahrlich nicht.
Haß macht die Liebe spürbar erst.
Dort wußt' ich nicht, was Liebe war.
Hier weiß ich's, da nur Hassen hier.
Mich sehnend nach der Liebe, ist
Lieb' mir bewußt; bewegt durch Haß,
sehnt Seele sich nach Liebe hin.
Dort bei den Zwergen wohnte sie
in ungetrübter Heiterkeit.
Nichts mehr davon. Es ist dahin.

Königin:

Nun also, Liebe, lachen wir.

Schneewittchen:

Nein, lachen fordert andre Lust,
als ich sie unterm Busen hab'.
Lust nur zum Weinen habe ich.
Ihr triebt mit Kuß und Schmeichelein
den Jäger an, und neulich erst
stacht Ihr ihn ja zum Töten auf.
«Renn auf die böse Dirne ein»,
spracht Ihr und zittertet vor Wut
und nanntet nachher es ein Spiel.
O, Ihr seid voller Rachesucht,
treibt unerhörtes Spiel mit mir,
die sich zu wehren nicht versteht.
Senkt mich ins Grab. Schneewittchens Grab
ist dann Schneewittchens liebe Lust.

Lust zu dem Lächeln find' ich nur
im Sarg, wo meine Freude liegt;
legt mich zu ihr, o seid so gut.

Königin:

Nun lächelst du, nun lachst du ja.

Schneewittchen:

Ach, nur für einen Augenblick.
Der andre sagt schon wieder mir
das Schlimme und das Weh von Euch,
droht mit dem Finger, deutet lang,
sieht mich mit großen Augen an,
wie Ihr es tut. Dann flüstert er:
die Mutter ist die Mutter nicht.
Die Welt ist nicht die süße Welt.
Lieb' ist argwöhn'scher, stummer Haß.
Prinz ist ein Jäger, Leben Tod.
Ihr seid die gute Königin nicht,
und doch die Stolze, Üpp'ge, die
den blut'gen Jäger mir gesandt.
Er ist Euch lieb, Ihr schmeichelt ihm,
gestattet ihm den süßen Kuß,
womit Ihr ihn zum Töten treibt.
Sein Wild bin ich – dies alles sagt
der andere bittre Augenblick.
Nun haßt Ihr wieder doppelt mich.

Königin:

Ich feuerte mit Küssen ihn.
Nicht? Ist es nicht so? Sag' es doch!
Schrei in die sanfte Welt es laut,
den Winden, Wolken wiederhol's,
ritz' es in üppiger Bäume Stamm,
hauch' es den weichen Lüften ein,

daß mit dem feinen Duft sie es
ausstreuen einem Frühling gleich.
O, dann saugt jedermann daran,
preist dich Unschuld'ge, nennt mich schlecht,
da ich den Mord mit Lieb' gespeist,
ihn feuerte mit gift'gem Kuß.
Heda, wo steckst du, Jäger. Komm.
Hinweg die Scham, ich küsse dich
und nenne dich den liebsten Mann,
den besten, treusten, stärksten und
den allerholdsten, frechsten Mann.
Schneewittchen, hilf im Preisen mir.

Schneewittchen:
Genug, genug, es macht Euch toll.
Hätt' ich die gift'ge Wunde doch
nicht mehr berührt. Nun blutet sie
frisch wieder und wird nimmer heil.
Wenn Ihr verzeihet, Königin.

Königin:
Zur Hölle mit Verzeihn und mit
Geduld, Scham, Milde. Heda, Knecht!

Der Jäger tritt auf.

Jäger:
Was ruft Ihr, hohe Frau?

Königin:
Mein einz'ger Mann, zuerst den Kuß.
Könnt' ich vergehn. Doch sprechen soll
ich eine kleine Weile noch.
Erklären muß ich dieses Spiel,
sonst nennt sie's roh, die es betrifft.
Sprich du, statt meiner. Sage doch

dem törichten, traurigen Mädchen hier,
wie ich sie hasse, liebe auch.
Zück' deinen Dolch. Doch, Lieber, nein!
Laß ihn nur in der Scheide ruhn.
Nur sprechen sollst du, trösten sie,
ihr sagen, was sie glauben kann,
und mich beruhigen, alles hier
zum Schweigen bringen, wie es war,
eh' dieses lockre Spiel begann.
Wohlan, und sei auf deiner Hut.
Sag' nicht zuwenig, daß zuviel
nicht deine karge Rede sagt.

Jäger:
Schneewittchen, komm doch her zu mir.

Schneewittchen:
Da nicht mehr bang mir ist, recht gern.

Jäger:
Du glaubst, daß ich dich töten wollt'?

Schneewittchen:
Ja und doch nein. Erwürg' ich ja,
sagt nein mir wieder hurtig ja.
Sag', daß ich glaube. Sag' es so,
daß ja dir immer glauben muß.
Nein bin ich müde. Ja ist hold.
Ich glaube dir, was du auch sagst.
Ich sag' so gerne: Ja, ich glaub'.
Nein ist schon längst zuwider mir.
Also ja ja, ich glaube dir.

Jäger:
Nun sieh, das ist Schneewittchens Stimm'.
Im Argwohn ist sie nicht sie selbst,
ist Quälerin, die selbst sich quält

und andre, die in Liebe ihr
ergeben sind. Sag' ich nun, es
ist Lüge, was der Argwohn sagt,
erfundne, gift'ge Lüge, so,
nicht wahr, Schneewittchen, glaubst du mir!

Schneewittchen:

Ja, und wie gern. O ja, warum
nicht ja zu allem, was du sagst.
Ja sagen tut so wohl, ist so
unendlich süß. Ich glaube dir's.
Ja, wenn du lögest, himmelhoch
die Märchen bautest, Lügen mir,
zum Greifen roh und tölpelhaft,
darstelltest, immer glaub' ich dir.
Ja muß ich sagen, immer ja.
Nie schwoll so holder Glaube mir
als jetzt, und ja, nie war so süß
noch ein Bekennen, als dies ja.
Sag', was du willst, ich glaube dir.

Jäger:

Wie leicht du doch die Sache mir,
dir und der lieben Königin machst.
Hab' dafür Dank. Doch, Mädchen, glaub',
ich lüge ja dich frech nur an.
Zugunsten dort der Herrin mir
zähl' ich dir eitle Märchen auf.

Schneewittchen:

Nein, nein, belüg dich selber nicht.
Ich weiß, daß deine Seele spricht.
Ich traue dir. O, solch Vertraun
geht sicher, hat nie falsch getraut.
Sprich Lügen, mein Vertrauen macht

zur silberreinen Wahrheit sie.
Zu allem sag' ich ja voraus.
Was du auch denkst und sprichst, dies ja
zwingt deiner Rede Wahrheit auf.
Sprich, denn im gläub'gen Sinne mir
steckt ja wie der Gefangne und
sehnt sich zur dumpfen Stub' hinaus.

Jäger:

Frei denn von Schuld und Schande sprech'
hier ich die Kön'gin. Glaubst du das?

Schneewittchen:

Ob ich das glaube? Ja, weshalb
sollt' ich nicht glauben so viel Lieb's?
Ich glaub's. Fahr fort. Ich glaube es.
Fahr nur recht munter immer fort.

Jäger:

Daß sie mit feurigen Küssen mich
zur Untat antrieb, ist nicht wahr.
Das Märchen lügt, das also spricht.

Schneewittchen:

Wie könnt' es wahr sein, da du sagst,
es sei nicht wahr. Fahr fort, ich glaub'.

Jäger:

Daß sie dich haßt, der Natter gleich,
um deiner süßen Schönheit will'n,
ist eine Lüg'. Sie ist ja selbst
schön wie der prang'nde Sommerbaum.
Sieh sie dir an und nenn sie schön.

Schneewittchen:

Schön, o wie schön. Die üppige Pracht
des Frühlings ist so köstlich nicht.
Sie übertrifft an Herrlichkeit

geschliffnen Marmor, wenn zum Bild
der echte Künstler ihn geformt.
Süß ist sie wie der milde Traum.
Erregter Schläfen Phantasie
baut solches Feenbild nicht auf.
Und sie, sie sollte neidisch sein
auf mich, die wie der Winter ihr
frostig und kalt zur Seite steht?
Nie glaub' ich das. Wie könnt' es sein?
Fahr weiter denn, du siehst, ich bin
ganz deines Sinns in dieser Sach'.

Jäger:

Schönheit haßt Schönheit nicht so sehr,
wie Märchen es hier ausgesprengt.

Schneewittchen:

Nein, denn sie ist ja selber schön. –
Wie haßte sie das Schwesterbild,
das flehnd zu ihren Füßen liegt
und bittet, daß, dem Schatten gleich,
es dürf' in ihrer Nähe sein?

Jäger:

Daß ich dich töten wollte, ist
unendlich kind'sche Einbildung.
Das Herz doch hatt' ich nie dazu.
Mich rührte gleich von Anfang an
die flehnde, süße Kindesbitt',
die dir aus Mund und Auge sprach.
Ich senkte Dolch und Arm zugleich
und hob dich, Süße, zu mir auf.
Das Reh, das in die Quer uns sprang,
erstach ich mir. Ist es nicht so?

Schneewittchen:
    Fast kaum der Müh' wert acht ich die
    Geschichte zu bekräft'gen. Ja,
    natürlich ja. So ist's. Ei, ja.
Jäger:
    Die Königin schickte nicht nach dir
    mit Gift zu deinen Zwergen aus.
    Der gift'ge Apfel ist nicht wahr.
    Die Lüg' ist giftig, die das sagt.
    Sie selbst, die das behauptet, ist
    geschwoll'n wie eine schöne Frucht,
    verlockend und voll Schmeichelpracht,
    doch innen so, daß krank wird, wer
    davon zu kosten sich erkühnt.
Schneewittchen:
    's ist eine Lüge schwarz und toll,
    widrig zum Anhörn. Kindern macht
    man bang damit. Fort mit der Lüg'.
    Was sagst du noch? Ich bitte dich,
    dreh' einer andern dummen Lüg'
    noch so geschickt den Hals nur um.
    Warum schweigt so die Königin?
Jäger:
    Sie sinnt verlornem Kummer nach.
    Sie denkt des Irrtums, der Euch beid',
    in flamm'nden, bösen Streit gestürzt.
    Sie weint bei so viel Mißverstand.
    Schneewittchen, küss' sie, wenn ich dich
    um etwas Liebes bitten darf.
Schneewittchen   (küßt sie):
    Erlaubt das süße Zeichen mir.
    Wie seid Ihr blaß! Verzeiht, wenn ich

mit Küssen dieser Blässe will
das Leben nehmen. Tränken sie
doch alle traurige Farbe auf,
die Eure Wonne so entstellt.
Sag', Jäger, weißt du nichts mehr Neu's?

Jäger:

O, noch so viel. Doch schweig' ich jetzt.
End küßt sich in dem End, wenn auch
Anfang noch nicht zu Ende ist.
Die Königin nickt mir gnädig zu,
und in der Gnad' erstickt mein Wort.
Ein Seliger deshalb schweige ich.

Der König, der Prinz, Hofdamen, Edelleute treten auf.

Schneewittchen:

O güt'ger Vater, drückt auf den
noch immer nicht erstickten Streit
zwei so entbrannter Herzen Eur
erhabnes Siegel. Nehmt den Kuß,
und tretet als ein Friedensbot'
mißgünst'gem Streit den Boden aus.

König:

Ich glaubte immer friedlich Euch.
Was für ein Streit, mein holdes Kind?

Königin:

Nicht Streit mehr, nur noch lächelnd Wort,
Scherz, der in ernster Miene geht
und Euch mit drohnder Stirne täuscht.
Es war hier Streit, doch ist nicht mehr.
Lieb' wußte hier zu siegen, Haß
ging unter in so starker Lieb'.
Ich haßte, doch es war nur Spiel,
nur Aufwallung, zu ernst gemeint,

nur einer flücht'gen Laune Drohn.
Nichts weiter, nun ist süßer Fried'.
Verletzter Neid glaubt' eine Weil'
hassen zu müssen. Ach, das tat
mir selber mehr als andern weh.
Schneewittchen hier bekräftigt mir's.

König:

Ist dieser Jäger ohne Schuld?
Der Prinz hier klagt ihn bitter an.

Schneewittchen:

Mehr Reinheit zeigt der Himmel nicht.
Ihr glaubt vielleicht, daß unerlaubt
er mit der Königin Liebsverkehr,
Kuß und Umarmung tauschte, o,
glaubt das nur nicht. Ihr täuschet Euch
in dieses Mannes Sinnesart,
die edel wie ein Kleinod ist.
Lieb' muß ihn lieben, Ehre ihn
ohn' Zweifel krönen. Wackrer Mann,
so vielen Dank als Dankbarkeit
nur immer schuldet, zahl' ich dir.

Zum König:

Herr, es ist alles freundlich, und
Streit sieht wie blauer Himmel aus.

König:

Ein Wunder, in der Tat, dann ging
in dieser kurzen Stund' hier vor.

Prinz:

Der Schurke ist kein Schurke mehr.

Königin:

Schweigt, edler Prinz, unedel ist

solch Hangen an dem kleinen Fehl,
des Bild Ihr immer wieder zeigt,
um dessen Blühn Ihr Euch bemüht,
statt ihn zu decken. Wär' er groß,
wir alle ständen friedlich jetzt
nicht so versammelt. Gebt die Hand,
vergeßt die Schuld im Freundesdruck.

Prinz:

Ich soll vergessen, daß hier der
vermaledeite gift'ge Schurk',
der grüne Schuft im Jägerkleid,
vor einer kleinen Stunde noch
buhlt' mit der Königin reicher Gunst?
Macht mich vergessen, daß ich ein
gesalbter Prinz und Herrscher bin:
nicht diese Sünde, die zu groß
zum nichtigen Vergessen ist.

Schneewittchen:

O, es gibt keine Sünde mehr.
Sie starb in diesem Kreise aus,
floh von uns weg. Der Sünd'rin hier
küss' ich als treues Kind die Hand
und bitte sie, sie möge doch
viel sünd'gen in so lieber Weis'.
Wie? Prinz? Ihr schüttet Hader auf?
Habt Ihr vergessen, was Ihr erst
kurz noch vorher geschworen habt?
Schwurt Ihr nicht Lieb' der Königin
und knietet vor dem schönen Bild
verehrungswerter, süßer Pracht?
Zeigt nun die Liebe, wahrlich Euch
ziemt es am meisten, fröhlich hier

der Huldigung scheuen Kuß zu tun.
Ich auch, ich glaubte mich verletzt,
verfolgt, verstoßen und verhaßt.
Wie blöd und störrisch war ich doch,
gleich anzunehmen böse Sünd',
Argwohn zu traun in solcher Hast
und blind zu sein in Bitterkeit.
Werft ab voreilige Meinung von
Verdammungsspruch und zorn'gem Recht.
Recht ist hier Milde; Milde ist
gekrönter Friede, nehmt mit an
dem heiligen, süßen Feste teil,
das Sünden in die Lüfte wirft,
mit ihnen wie mit Blumen spielt.
Seid froh, daß Ihr könnt fröhlich sein.
O könnt' ich sprechen, wie ich müßt'
so großem, heiligem Zweck zulieb'.
Ich habe nicht die Rednergab;
auch ist Lust viel zu wild in mir,
und ich zu heftig so erfüllt
von hoher, widersprech'nder Freud'.

Königin:
Ach, wie du süß redst, holdes Kind!

König:
Nimm diesen Kuß, und alles sei
heut königlicher Freude Fest.
Prinz, Ihr tut besser, wenn Ihr Euch
der allgemeinen Wonne schmiegt.
Ihr wollt doch nicht ein Fremdling sein
und fremd tun so vertrauensvoll
sich hingebender Herzensfreud'.
Wie? Blickt Ihr böse noch?

Prinz:
> Nicht böse, und doch auch nicht lieb.
> Ich weiß nicht, was ich sagen soll.

Ab.

Königin (zu Schneewittchen):
> Und bist du nun nicht müde mehr,
> magst wieder lachen, lustig sein
> und Heiterkeit wie Samen streun?

Schneewittchen:
> Nie, nie mehr müd. Wie? Läuft der Prinz
> von unsrem Jubel furchtsam weg?
> Schickt das sich für so edlen Mann?

Königin:
> Ei ja, es schickt sich, ist er feig!

Schneewittchen:
> Ich weiß nicht, ob er feige ist.
> Doch dies Gebarn war schlecht von ihm.
> Geh, Jäger, bring ihn wieder her.

Jäger geht ab.

> Ich will ihn schelten, wenn er kommt,
> und er kommt sicher; er will nur,
> daß man sich bang um ihn bemüht.

Königin:
> Dann wird er sicher noch dein Schatz.
> Und dann – dann sag' ich, muß ja wohl
> daran erinnert werden, sag' –
> Was sage ich? Ach ja, sag' dann,
> so wie der Zufall etwa sagt:
> «Du feuertest mit Küssen ihn
> zu dem» – – –

Schneewittchen:

Schweigt doch, o schweigt. Das Märchen nur
sagt so, nicht Ihr und niemals ich.
Ich sagte einmal, einmal so –
das ist vorüber. Vater kommt.
Begleitet alle uns hinein.

Alle gehen gegen das Schloß.

DER TEICH

DER TEICH

Ein Zimmer. Fritz tritt auf.

Fritz: I wet bald lieber niene meh si, als e so do si. Nüt als bösi Gsichter. Das isch es Ässe bim Tisch. Nume n'es Gklapper mit de Löffle u Gable u Mässer. Kes Wort. Nume sones schüchs Gflüschter, sones heimlichs Aschtoße, sones unterdrückts Lache. Mi darf z'Mul nit uftue, ohni müesse z'fürchte, der Aschtand z'verletze. Was nützt e sötige Aschtand? Der Paul, dä darf scho rede, dä darf sich alles erlaube. A däm isch alles schön, artig, rächt, nätt. Das isch der liebscht Bursch uf der Wält. I sött meine, nume n'är sig der Sohn vo sir Mueter, und d'Mueter heig kei zwöite Sohn näbe n'ihm. I cha nüt rächt mache, i mag mi uffüehre, wie n'i will. Guet, wenn sie's so wei ha, so sölle sie's. Es isch wohr, i bi verdammt trotzig u sur. Wenn nume n'öpper wüßti, wis i mir inne usgseht. Wenn öppe n'einisch d'Mueter chönnt i mis Härz luege. Sie würd vilicht erschtune, sie würd de vilicht gseh, daß i si au no e chli gärn ha. O – – gärn ha! Do chani scho nütmeh säge. Do isch überhaupt kes Wort nötig. I weiß es doch, aber es isch nume trurig, daß es sünsch niemer anders weiß. I will i d'Kammere ufe go und über das Züg nochedänke. I mueß wahrschinlich gränne dobe. Was macht's. Es gseht's niemer. Pläre isch nume n'es Pläre, wenn öpper derbi isch und's ghört. Chum, Fridu, mir wei uf d'Site.

(er will abgehen; Klara, seine Schwester, tritt auf.)
Klara: Was hesch du do inne ume z'schtoh?
Fritz: Am e nen Ort mueß me doch schtoh. Überhaupt, was geiht das di a?

Klara: So, das säge n'i am Vatter.

Fritz: Sägs nume! I ha ke Angscht vor em Vatter!

Klara: So? Und wen is der Mama säge? Hesch de o no ke Angscht?

Fritz: Mi geit nit immer go rätsche. Das isch gmein.

Klara: I säge's scho der Mueter.

Fritz: Minetwäge. Sie sou mer nume uf e Gring gä. Minetwäge sou mer die ganzi Wält uf e Gring gä.

Klara: Das säge n'i wieder! Wart nume.

Fritz: Du bisch es Sau- - - *(er hält erschrocken inne)*

Klara: Was bin i? Gäll, es Saumeitli, hesch welle säge? Es Saumeitli! Das säge n'i, das säge n'i.

(Frau Marti tritt auf.)

Klara: Mama, der Fritz het mer scho wieder gseit, i sig es Saumeitli.

Frau M.: Schwig! *(zu Fritz)* Chum ine! *(zu Klara)* Nimm en Arbeit it Hand. Marsch.

(Frau Marti und Fritz gehen hinein.)

Klara: (setzt sich ans Arbeitstischchen) Dä Saubueb dä! Dä berchunt wieder einisch für zwänzig. Er tribts aber au z'wit. Was meint er eigetlich, mi sägi nie öppis? Mi dörfi nit's Mul uftue? *(man hört schreien)* Uh, wie n'er brület! Wie n'en Ochs, we me ne wot metzge. So ne große Kärli! Söt sich schäme.

(Frau Marti tritt herein.)

Frau M.: Es anders Mol gib e n'i dir grad au Schleg, du Rätschbase. Schäm di, immer z'chlage. Das isch nit schön. I ha allwäg nüt anders z'mache, als nume uf dini Chlage z'lose. Mi schwigt au e chli.

Klara: Aber, wenn er mer die ganzi Zit - - -

Frau M.: Schwig und schäm di. Und chum mer nümme mit däm Klön. I wot's nümme ghöre. Daß de verschtande hesch. *(geht ab)*

(Fritz tritt vorsichtig auf.)

Klara: Chum nume, si isch furt. Gäll, du hesch übercho! Seisch jetz no einisch Saumeitli zuemer?

Fritz: (schweigt und geht ab)

Klara: Dä het gnueg! – Aber i mueß pressiere, daß i bald fertig wirde. Nächär chani use go spiele. Dusse bini doch am liebschte. Do het me keis Gkär, wie hie inne die ganzi Zit. Was isch jetz für Zit? Scho drü? Alee, pressier, pressier. –

Eine Straße.

Fritz. In einiger Entfernung Franz, Heinrich, Otto
und andere Knaben.

Fritz: Mi wird müed vom Umenanderstoh. Aber i ma nit deheim si. Was hani deheim? Immer i der Chammere hocke, chani au nit.

Otto: He, Fritz, chunsch mit is?

Fritz: (für sich) I tät scho gärn schpiele und jage. Aber i mueß doch immer dra dänke. Immer az gliche. I gange lieber elei.

Heinrich: Fritz, öb de mit chunsch, froge mer! Hesch keni Ohre? Hesch kes Mul meh?

Fritz: Sie düe mi doch nume amärdiere und aöde. Warum mueß i sone Chopfhänger si?

Franz: Löt doch dä Löl lo si, dä Mehbesser. Chömet, mir göh ohni dä Ufgabemacher!

Heinrich: Hock a Bode, Fritz, und lueg i Himmel ufe, du Tröchni! *(sie gehen ab)*

Fritz: Wenn si's doch so guet ohni mi chönne mache, was gäbe sie sich de Müeh, mi mitz'ha? Sie solle doch nume laufe. I frage ne eigetlich so weni derno, so weni. I bi gärn elei. Do chöme eim d'Gedanke. Do stört eim niemer. – Es isch mer immer, i heig öppis am e ne'n Ort vergässe. I weiß, es isch nüt, und doch plagt's mi. Was chas nume si? Nüt? Do hani guet rede! Es isch öppis, aber ds'Dumme isch, i has äbe vergässe. I will däm Zügli nohgoh. I will mi Platz im Wald ufsueche, vilicht chunt's mer dört wie ne Schmätterling cho a'z'flüge. Warum mueß me eigetlich dänke? Mi mueß, es zwingt eim. Das isch so dumm, daß me n'öppis mueß. Mi sött nüt müesse! Aber do ha ni wieder guet z'rede. Chum Fritz, mir göh zäme. I bi doch nit ganz elei. Der Fritz isch am Fritz si Kamerad. I bi mir sälber mi bescht Fründ. – Was i au mueß für Sache wüsse. Es isch eigetlich zum Lache. Aber i will im Wald nacheschtudiere, was i chönt mache, daß i der Mueter – – – *(er eilt ab)*

Zimmer im Hause der Frau Kocher.

Frau Kocher; Ernst, ihr Sohn, im Lehnstuhl; Fritz.

Frau Kocher: Das isch rächt schön vo Ihne, Fritz, daß Sie mim Sohn e chli Gsellschaft chöme cho leischte.

Fritz: I tues jo so gärn.

Ernst: Würdisch nit doch lieber mit den andere go umeschpringe? Das gieng doch lüschtiger.

Fritz: Ke Red. Still si und mit dir rede, geit viel lüschtiger.

Frau Kocher: (gibt Fritz ihre Hand) Wo hei Sie nume das schöne Wäse här? Das isch so lieb vo Ihne.

Fritz: Sie dörfe mi nit so lobe.

Frau Kocher: Es wär nit rächt, we mes nit tät. – Aber es chunt öpper, i ghöres. – Amüsieret ech. I will de ine cho und ech öppis z'Abed bringe. E chli Wi und Brot. Adieu unterdesse. *(sie geht ab)*

Fritz: Du hesch e nätti Mueter.

Ernst: O i will nüt säge. Was chame do überhaupt säge.

Fritz: (nachdenklich) Natürlich.

Ernst: Das isch so dumm. Warum sött e Mueter nit nätt und lieb si? Dini isch's doch gwüß au.

Fritz: Nit, daß i wüßt.

Ernst: Was?

Fritz: I ha no nie gschpürt, daß i e Mueter ha. Höchschtens ufem Buggel.

Ernst: Soll das Schpaß si?

Fritz: Wie chönnt i über so öppis schpaße! Do vergeiht eim der Schpaß. I wett i wär chrank so wie du.

Ernst: Do würdisch viel dervo ha.

Fritz: Meh, als du chasch glaube. – Los emol!

Ernst: Was?

Fritz: Chöntsch du's ushalte, wenn di Mueter di nit gärn hätt? Wär dir das glich?

Ernst: So öppis Dumms. E Mueter het doch ihres Chind immer gärn. Dini hetti sicher au gärn. Du bildisch der's nume n'i!

Fritz: (traurig) Mir wei nümme dervo rede.

Hof hinter dem Hause.

Klara und Paul.

Klara: Wo schteckt der Fritz?

Paul: O, dä geiht jetz grad zum Teich use, dört am Waldrand. Er het gseit –

Klara: Was wird er wieder gseit ha?

Paul: O nüt anders. Er wot sich ersufe.

Klara: (erschreckt) Was?

Paul: He jo. Ds'Läbe, het er gseit, sig nume n'es verrißnigs Chutteli. Er müeßi's go flicke.

Klara: Was? Ds'Läbe sig – – –

Paul: I säge d'Sach nit gärn zwöinisch. Ds'Läbe wot er go flicke. Er sig's a fange müed. Es sig ke Nodle wärt. Ds'andere hani vergässe. –

Klara: So lauf doch, lauf doch –

Paul: Wohi?

Klara: Use zum Teich! Es macht mer Angscht. Bisch du immer no do? Warum laufsch nit?

Paul: I wirde mer allwäg Bei müesse wägem g'flickte Läbe abspringe! Das wird nit so ärnscht si.

Klara: Und wenn's ärnscht wär? Schäm di. S'isch üse Brueder. Wennt nit wosch laufe, so – –

Paul: Wart, i will scho! *(beide ab)*

>   *Ein Teich, von Tannen umschlossen.*
>   *Fritz tritt auf.*

Fritz: Wi's do schtill isch. Wie sich d'Tanne im Wasser schpiegle. Wie's vo de n'Äscht abe tröpflet, so lis, so fin. Mi chönt meine, es singi. Ufem Wasser schwümme d'Bletter wie chlini Schiffli. A däm Ort chönnt eine rächt trurig und schwermüetig si. Aber i bi nit für'z Pläre häre cho. I mueß mache. *(er zieht seinen Rock aus)* So! Ds'Chutteli soll do im Gras liege. *(er wirft den Hut ins Wasser)* Und der Huet soll einisch i sim Läbe schwümme lere. I ha am Paul gseit, i sig läbesmüed, i well zum Teich go. Er wird scho verschtande ha. D'Wahrheit isch, i wot mi au einisch e chli vüre dränge. I möcht' gseh, ob mi Mueter au wäge mir i Angscht cho cha. Es nimmt mi doch Wunder, öb sie cha glichgültig blibe, wenn's heißt, der Fritz heig sich i Teich g'schtürzt. – Der Paul wird jetz cho z'dechle, und wenn er dä Huet so gseht und do ds'Chutteli, und mi niene ume Wäg, was chaner anders dänke, als i sig inegange? Es nähm mi wunder, wenn dä Streich nit chönnt glinge. Es isch zwar schlächt, d'Mueter so ine unnötigi Angscht z'bringe. Aber – – – i will jetz einisch wüsse, öb i ihre gar nüt wärt bi, oder nit. – Er chunt. I ghörene. Das isch sis Pfife. *(er klettert auf eine Tanne; im Klettern:)* Dä wird es Gsicht mache. Dä wird dervorönne. I mueß scho zum vorus fasch verschprütze vor Lache. *(er versteckt sich in den Zweigen.)*

(Paul tritt auf, geht auf den Rock zu.)

Paul: Ho, o, do isch er, do isch er, do lit er *(wie er den bloßen Rock sieht und den Hut im Wasser, stößt er ein Gebrüll aus und rennt ab.)*

Fritz klettert hinunter.

Fritz: So! I zäh Minute wüsse si's. Jetz weimer langsam hei go. Es isch mer e chli Angscht. Bah! Es git höchschtens Schleg. Das kenne n'i. Das isch e fange z'alt, für das me müeßt Angscht ha. – Uf e ne Umweg chunts mer au nit a. Es isch rächt, wenn sie einisch wäge mir müesse umeschpringe und gränne. Gränne müesse sie und das freut mi. Es het bis jetz no nie öpper wäge mir grännet. Vilicht gseh sie de i, daß i au no öppis wärt bi. *(er bringt den Hut mit einer Rute ans Land)* Dä Huet isch fasch gar ersoffe. Aber i cha mit ihm zfriede si. Er het si Sach gleischtet. Huet, du darfsch wieder ufsitze! *(er setzt ihn auf)* So! Jetz will i wie'n e itle Ängländer ids nächschte Wäldli. I chume mer ganz vornähm vor. Der Tüfu soll mi hole, wenn i vor em Abe deheim bi. – – –

Hausflur.
Klara tritt weinend auf.

Klara: Wenn er jetz nume chäm. Wenn er doch nume chäm! Er cha doch nit ertrunke si. Das geiht me doch nit go mache. Ach, wenn er nume wieder do wär. I wet mer gärn von im lo Saumeitli säge. Tusig mol. Werum bin i immer so bös gägen ihn gsi? O mi isch schlächt mit ihm umgange. Schlächt, schlächt. I cha nit rede. Es drückt mer der Atem ab. *(angstvoll)* Fritz, chum doch. Gsesch de nit, daß alles wäge dir mueß pläre? Ds'ganze Hus isch i eim Züg inne! Chum doch. – – I mueß go. I cha niene schtill si. I jedem Egge isches schwarz. Es isch mer schwarz vor de n'Auge. Fritz, ach Fritz. Schlächte Kärli, liebe, dumme Kärli, O –

> *(sie legt sich auf den Boden und schluchzt.)*
> *Fritz tritt auf.*

Fritz: Do wäri! – He, Klara! Was machsch do am Bode?

Klara: (aufschreiend) Du? *(wie sich auf einen Traum besinnend)* Du?

Fritz: Jo! Werum nit?

Klara: Bisch du de nit ids Wasser gschprunge? Paul isch doch hei cho brüele, du sigsch i Teich gschprunge!

Fritz: Der Paul isch e dumme Kärli.

Klara: Hesch de nit am Paul gseit, du wellisch der ds'Läbe näh? Ds'Läbe sig es verfözzlets Chutteli? Du wellisches abschüttle?

Fritz: (trotzig) Und wenn is au gseit ha.

Klara: Und du weisch nit, daß mer alli wäge dir i der gröschte Todesangscht hei müesse si? Daß mer di überall hei lo suche?

Fritz: So?

Klara: D'Mueter isch ganz ußer sich. Jo, do inne. I traue mer fasch nit, ine z'go und er es z'säge, daß du – – –

Fritz: Was?

Klara: – – – daß de wieder läbig bisch. O dir geihts schlächt, das säge n'i dir!

Fritz: Minetwäge.

> *(Frau Marti und Herr Marti treten auf.)*

Klara: Mama, Papa! Der Fritz isch gar nit ids Wasser

gfalle. Keis Fläckli an im isch naß. *(Fritz steht zitternd und schuldbewußt da.)*

Herr M.: Wa– – – du – – –

Frau M.: *(die sich zu beherrschen sucht, zu ihrem Mann:)* Lo ne lo si, Adolf. Tue n'im nit weh, hesch ghört.

Herr M.: Eim so a der Nase ume z'führe! Dä Schlingel, dä Fulpelz, dä – – –

   (er will abermals auf Fritz los)

Frau M.: *(zu ihrem Mann, entschieden:)* Lo mir ne. I will ne scho schtrafe. *(zu Fritz, bekümmert:)* Warum hesch das gmacht?

Fritz: I, i – – i – –

Frau M.: Warum geisch go am Paul säge, du wellisch di go ids Wasser wärfe? Warum?

Fritz: Mueter, i – – –

Frau M.: *(sanft)* Chum it Stube ine! Chum! *(sie nimmt Fritz bei der Hand und führt ihn ab.)*

Herr M.: Däm söttme der Rügge verschloh, däm Schmiermichel. Das chunt vom ewige Nüttue. Us der Schul sötme ne näh. It Fabrik sött me ne tue. Nüt als Buebestreiche het er im Grind. Aber i will im hälfe, däm – – – *(er geht erregt ab)*.

Klara: O i bi nume froh, daß er wieder do isch. Es wird im schlächt go. Sie sötte ne doch nit z'hert strafe. I will doch go lose, was sie säge dinne *(sie lauscht an der Tür)*. Mi ghört gar nüt. S'isch alles schtill. Was het das z'bedüte? Isch das d'Mueter, wo do so lis redt – – – isch das – – – do pläret öpper, aber ganz lisli. – – I begrife's nit. I begrife's nit.

Die Stube.
Frau Marti; Fritz, halb auf ihrem Schoß.

Frau M.: Aber chani de wüsse, was i dim Härz isch?

I cha di doch nit errate. Du hätsch solle rede. Mi mueß rede, we me wot verschtande si. Gsesch, jetz ha n'i der Unrächt to. I ha gmeint, du heigsch mi kei Tropfe lieb, du wellisch mer zu nüt als zum Chummer läbe. O wie me sich doch tüscht i der Wält. – S'isch jetz jo guet so. So redt doch öppis.

Fritz: I cha nit.

Frau M.: Warum hesch de nie öppis gseit? Warum hesch nit zuemer gseit: Mueter, du tuesch mer Unrächt, – Mueter, i ha di lieb – –?

Fritz: – – – di lieb – –

Frau M.: Ja, warum nit? Worum unnütz lide und ds'Mul nit bruche? Du arme Bueb!

Fritz: Das hani nie dörfe. Das darf doch e Sohn nit.

Frau M.: Aber worum de nit?

Fritz: I ha doch müesse glaube, du mögisch mi nit lide, und do, hani dänkt, schwigsch lieber. Aber du bisch doch deßwäge jo glich mi Mama gsi. I ha di doch deßwäge glich im Stille dörfe lieb ha.

Frau M.: (küßt ihn) Redt doch nit so. *(sie weint)* Redt nit so.

Fritz: Was hani de anders chönne mache?

Frau M.: Bueb, Bueb, was wosch usmer mache? Soll i öppe vor dr i d'Chneu falle? Soll i? – – Ach. – – I ha großes, großes Unrächt ato. Aber i will's guet mache. Mir weis guet mache. Wei mer? Gäll, es soll jetz alles schön wärde. Mir zweu zäme wei wie Fründe si. So nes schtills, abgläges Bündniß. Der Vatter brucht nüt z'wüsse. Gäll nit?

Fritz: Nei.

Frau M.: I schäme mi nit, mit dir Kameradschaft z'mache, sitdäm i weiß, wie ne starche Kärl de bisch. I weiß jetz, du bisch guet. Du gisch deßwäge nit weniger acht, daß de nit fählsch, und daß de folgisch. Es mueß jo gfolget si. Und mir Eltere müesse n'euch Chinder doch folge lehre. Aber du hesch meh Vernunft als anderi Chinder. Zu dir chame anders rede. Du hesch viel müesse lide. I ha der viel, viel z'lide gä. Du bisch scho ne ganz große, große Ma. *(sie lächelt)*

Fritz: (schmiegt sich an sie) Mama!

Frau M.: I meine's ärnscht. Aber es isch nume so wunderlich. I rede mit der, wie zum e ne Erwachsene. Und doch hani di do so noch ammer. Dänk, uf der Schooß! Du mis Chind. Mi Bueb. I cha der nit säge, wie schön, wie groß daß de mer vorchunsch. I mueß es au nit säge welle. I bi jetz gärn schtill. I bi jetz gärn no e chli elei. Gang zur Klara use bis zum Nachtässe. So –

Fritz: Ja, Mama. *(will gehen)*

Frau M.: Aber chum doch. I mueß di no einisch härenäh. Gäll, du tuesch mit dir Schwöschter und mit Paul deßwäge nit groß. I meine, will i so zu der gredt ha. Gäll nit?

Fritz: Das wär gmein.

Frau M.: (glücklich) Nei, gäll nit. Sünsch wärs Sünd. Sünsch wärs e Sünd gsi. Du tuesches nit. I weiß es. Gang jetz. – *(Fritz ab)* I bi doch öppe nit z'wit gange? *(aufs tiefste bewegt)* I bi doch öppe nit z'wit gange? – – Darf me de so rede zum e ne Chind? Nei, nei, das macht gwüß nüt. Öppis so schöns cha gwüß nit schlächt si. Sötti de ne Mueter immer nume wine Bättschwöschter zu ihrem Chind rede? Es het müesse so si. Ufrichtigkeit cha gwüß nüt schade. Isch de jetz öppis anders zwüschen is? Het er mi nit lieb, und mueß er mer de nit wie sünsch au folge, wenn er gseht, daß i ne lieb ha? Nei, es soll mi nüt afächte. I söll nit welle bereue, daß i ufrichtig bi gsi.

Das wär schlächt, nume das. Hets de öpper gseh? Es hets jo niemer gseh und so öppis wot au nit vo öpperem gseh wärde. Mi Sohn, i möcht der uf de Chneune danke, daß de di mir hesch z'erkenne gä. – – I gange hübscheli ine und luege, was sie mache.

Das Eßzimmer. Die Lampe brennt auf dem Tisch.
Fritz, Paul, Klara spielen um denselben. Im Dunkel
steht Frau Marti und beobachtet sie.

Paul: Do dä Tintefläcke isch der Teich. Oder nit? Cha dä Fläcke nit der schwarz Teich si?

Fritz: Natürlich chaners. Das Mässer do bin i.

Klara: Was chan i de si?

Fritz: Wart nume. Eis nach em andere. Lueget, jetz geiht das Chäsmässer däm schwarze Tintefläcke uf e Lib. Nei, der Fläck geit am Mässer uf e Lib. Nei, eifach so: Ds'Mässer geiht i dä Teich. Das isch d'Gschicht. Ds'Mässer cha nüt derfür. Es isch es ganz artigs Mässer.

Klara: Aber es cha jo nit ertrinke.

Fritz: Das macht ihm nit bsunders viel Chummer. – Und jetz, lueget nume rächt, chunt e Gable cho a'zschpringe. Uh, wie die derhärdonneret. Wie sie brüelet, wo sie gseh het, daß ds'Mässer niene ume Wäg isch. Wie sie wieder dervolauft. Mi sött meine, e Gable chönnt nit söttigi Bei ha.

Paul: D'Gable bin i gsi.

Klara: Aber was bin i de gsi?

Fritz: Wart nume. Du chunsch au no ad Reie. Wie d'Gable furt isch, stigt ds'Mässer ganz süferli wieder us däm Schlammwasser, putzt sich a chli, daß es suber usgseht und geit langsam hei. Und deheim gseht es es Löffeli am Bode lige. *(zu Klara)* Ds'Löffeli bisch du, wenn de wosch.

Klara: S'isch wohr, du hesch mi atroffe, wo n'i am Bode gläge bi.

Fritz: Ds'Gsicht vom Löffeli z'beschribe, isch schwär.

Klara: Hani de sones Gsicht gmacht?

Fritz: Du hesch öppe nün Gsichter gmacht. Du bisch vo eim iz andere gfalle. Mi het sie chum chönne zelle, so schnäll hesch se n'abgwächslet. Das hets Löffeli gmacht. Jetz isch d'Gschicht fertig.

Paul: Nei, wohär de? Jetz chöme doch no zwo Pärsone. Der Vater chunt jetz und de nächhär no t'Mueter.

Fritz: I weiß nüt meh. Mir wei lieber vo öppis anderem e Gschicht mache.

(sie fangen etwas anderes an.)

Frau M.: (leise) Er lot sich nüt lo merke. I ha mi nit tüscht, und wirde mi gwüß nit tüsche. Er tuet wie sünscht. Dä lieb Bueb. I chami chum halte, nit vürez'go und ihm's z'säge. – Ischs nit wie ne Traum, wie nes Märli? D'Lampe brönnt wie ne Zauberlampe. I stande wie d'Fee de Chinder im Rügge. Es fählt nume no d'Märlimusig. Aber die ghört me sünscht scho in de Ohre. Wie lieb isch alles. I mueß lose, o i mueß lose. Was mini Chinder säge, isch hüt so neu, so anders. I has nie so ghört. Und nit, daß i jetz öppe nume mi Fritz wetti gärn ha. Nei, nei. Alli si mer und solle mer glich lieb si. Sölle sie? Wie n'i mer doch befiehle! S'isch grad, als öb i sälber mi Pfarrer wär. – Wo chäm e Pfarrer mit sim Gred hi, wenn nid i de Lüt der Pfarrer steckti? He, jetz wot i nümme länger d'Zueschaueri si. *(laut)* Chinder, was machet er do?

Klara: Mir mache Gschichte, Mama. Der Fritz, dä cha schöni Gschichte mache.

Frau M.: Wo nimmt er de sini Gschichte alli här?

Klara: He, usem Chopf. Si Chopf isch es ganzes Buech voll Gschichte. Jetz macht er is eini von ere Chammerjumpfere.

Paul: Wo isch der Papa?

Frau M.: Er wird wohl gli cho. I glaub, i ghörene scho cho. – Jo, do chunter.

(Herr Marti tritt ein)

Herr M.: (wirft einen strengen Blick auf Fritz) I ds'Bett, Chinder, s'isch spät.

Frau M.: Nei, jetz no nit. I bringe no e Fläsche Wi usem Chäller. Mir wei no chli ufsi und zäme plaudere. Nit, Adolf? – Doch, doch. Das macht nüt für einisch.

Herr M.: Minetwäge de. Wär holt der Wi?

Fritz: (schnell) I will ne scho hole.

Frau M.: (ebenso schnell) Aber i mueß der duß i der Kuchi es Liecht azündte. Chum!

(Frau Marti und Fritz gehen ab.)

Herr M.: (stopft sich eine Pfeife.)

Klara: Wo si mer i üser Gschicht?

Paul: Dört wo sie zäme use gö, für go Wi usem Chäller z'hole.

SPÄTERE DRAMOLETTE

DER TAUGENICHTS

Taugenichts: Sagt' ich es mir nicht immer, daß es mit mir gut kommt? Schon damals wußte ich's, als ich fortlief. Was weht für ein munterer Wind? So lieb' ich es, so ist's recht. Um mich mußte stets Beweglichkeit sein. Hab' ja jetzt Zeit, darüber nachzudenken. Noch zeigt sich niemand, doch hör' ich ein Geräusper, als wären hier Menschen. Welche fröhliche Nacht! Sterne blinken durch die Äste. Goldig? Ich brauche kein Gold. Silbrig? Kann auch das entbehren. Will überhaupt dergleichen Anspielungen gar nicht machen, um so weniger, als mir scheint, es sei nichts damit gewonnen. Hab' ich nicht die Welt gewonnen? Wenigstens bild' ich mir's ein. Übereil' dich nicht, mein Freund. Ein gewisses Quantum Leben steht dir wohl noch bevor. Die zwanzig Jahre, die du zählst, stellen noch kein starkes Alter dar. Ich bin noch zu jung, um sagen zu können, ich sei schon erfahren. Wie ich weise spreche! Doch komm' ich von der Wanderschaft, steh' nun in diesem Garten, den ich wiedererkennen zu können meine. Hier verlebt' ich meine Jugend, verübte die ersten dummen Streiche, war verliebt bis übers Ohr, doch war's nicht bloß Verliebtheit, es ging tiefer, sonst hätt' es mich nicht heimgezogen. Selige Minute, die mich glauben macht, alles sei nun in Ordnung und ich müsse glücklich werden. Warum glaub' ich das? Bin ich leichtgläubig? Hab' ich nicht Scharfsinn, bin ich ohne jede Vorsicht, ohne Mißtrauen? Trau' ich mir so sehr? Ja, ich tu es und hoffe, daß das eine Stärke sei, wo nicht, so will ich schwach sein, tut auch nichts. Ein Mensch ist, wie er einmal geschaffen ist. Kann mir wohl einer verbieten, mit meinem Munde zu essen, mit meinen Händen in die Tasche zu greifen, um zu suchen, ob was darin steckt? Die Tasche ist leer, ich kam arm nach Hause, hab' aber doch etwas mitgebracht: mich selbst. Damit fang' ich immer noch was an. Der Glaube trog mich noch nie, auch jetzt wird er mich nicht betrügen. Vielleicht bin ich's nicht wert, doch was frag' ich danach? Ich habe Haar' und Zähn' und allerlei Einfälle, Finger, Füße und weiß nicht was alles, wie ein anderer und fühle mich wie irgendwer prädestiniert, nächstens zu heiraten. Heiraten? Welch ein dummes Wort! Und doch schimmert's mich an wie die Sonne, obschon's jetzt Nacht ist und zunächst nur der Mond auf mich niederleuchtet. Sie kommen, sie kommen! Wenn sie dich etwas fragen, so antworte ihnen möglichst witzig; im übrigen gib gar nicht so sehr acht, was du sagst. Red' etwas, das Wie ist völlig gleich. Ich hab' den größten Unsinn sprechen hören und kann schwören, daß die Wirkung und der Eindruck, der Effekt und der Erfolg geradezu berückend waren.

Zofe: Kennst mich nicht?

Taugenichts: Ist's möglich? Du wärst es?

Zofe: Wer denn?

Taugenichts: Die, die ich meine.

Zofe: Man kann sich allerlei einbilden.

Taugenichts: Gott sei Dank! Wer es nicht tut, macht von seiner schönsten Tugend keinen richtigen Gebrauch. Ich

gehöre nicht zu diesen. Ich habe mir von jeher was vorgestellt und bin regelmäßig gut gefahren. Ich war in
Italien.

Zofe: Du?

Taugenichts: Ganz gewiß!

Zofe: Und wo sonst noch?

Taugenichts: In Rom.

Zofe: So lautet ja die Hauptstadt dieses schönen Landes.
Was tatest du dort?

Taugenichts: Nicht sehr viel. Ich tat überhaupt nie viel.
Jedenfalls hab' ich mich nie überanstrengt, würde das
nicht für passend gefunden haben. Sind Menschen nicht
zum Glück bestimmt?

Zofe: Einige meinen's, andere aber sind durchaus nicht
dieser Ansicht.

Taugenichts: Sah dort einen wundervollen Springbrunnen in blendend heiterem Mondlicht. Schöneres gibt es
nicht. O Juwel von einer Stunde! Auch du warst dort,
obgleich du's leugnen wollen wirst. Du schautest zum
Fenster heraus, gabst mir ein Zeichen. Daraufhin –

Zofe: Was darauf?

Taugenichts: Packte mich einer und nannte mich unver-
dientermaßen einen Taugenichts, band mir mit einer
an Frechheit grenzenden Flinkheit und mit einer an Zauberei erinnernden Dreistigkeit die Augen zu. Ich wurde
in einen Wagen gehoben und abtransportiert.

Zofe: Wohin?

Taugenichts: Nach Venezuela.

Zofe: Die Flinkheit, mit der du lügst, und die Dreistigkeit, mit der du Unwahrscheinliches wahrscheinlich
machst, grenzen ebenfalls an Zauberei, wie die Umhül-
lung deines werten Augenlichtes, als du in ein Fenster

klettern wolltest. Du verdienst jede erdenkliche unhöfliche Benennung und rechtfertigst dich vermutlich dein Lebtag nie.

Taugenichts: Wage daran zu zweifeln. Der Gärtner im Schloß wird bedauern, daß er mich einen Faulpelz nannte.

Zofe: Bist du's nicht?

Taugenichts: Man soll einander nicht Wahrheiten sagen, das führt zur Auflösung des Geselligen. Hab' ich recht oder nicht?

Zofe: Einigermaßen stimmt schon, was du da sagst; du verstehst es ausgezeichnet, dir gewisse Lehrsätze zunutze zu machen.

Taugenichts: Tu ich damit unrecht?

Zofe: Was geschah dir dann?

Taugenichts: Einige Zeit lebt' ich in einem Landhaus, dort war's reizend. Ein wunderlicher Toller und ein genialer Maler, Hexen mit spitzigen Nasen und ein allerliebstes Mädchen. Gefrühstückt wurde daselbst famos. Kuchen aß ich dir nach Lust, und im prächtigen Garten wuchsen fabelhaft hohe Bäume, kühn umrandet von weithin leuchtenden Felsen. Dort hätt' ich eigentlich bleiben sollen, besaß jedoch keine Aufenthaltsbewilligung. Außerdem dacht' ich in einem fort an eine gewisse Schöne.

Zofe: Du behauptest wohl, du liebst mich?

Taugenichts: Wenn's drauf ankommt, so beweis' ich's.

Zofe: Unvergleichliches Toupet!

Taugenichts: Das nennt man Selbstvertrauen. Und in Berlin, wollt' ich sagen, war ich auch.

Zofe: Wann und wie lang?

Taugenichts: Einige Jahre, demnach bin ich ein Weltmann. Denn wer in großen Städten lebte, darf sich so nennen.

Zofe: Aber Tirol sahest du nie?

Taugenichts: Doch! Ich schlenderte mitten hindurch und erwähne Städte wie Meran und Innsbruck. Ich half dort saftige Trauben pflücken. Aus Salzburg kann ich eine Ansichtskarte mit vielen Grüßen vorweisen, was dir beweist, daß ich dort Bekanntschaften machte. Ich trat daselbst auch als Schauspieler auf. Was tut man nicht, sich durchzuschlagen? Zeitweilig fuhr ich als Bedienter auf einem Kutscherbock, hab' aber den Herrn leider bald verloren.

Zofe: So was kommt vor. Doch jetzt?

Taugenichts: Fasse ich dich bei den Händen und betrachte dich als meine Frau.

Zofe: Au, das tut weh! Drück' doch nicht so! Bist weit umhergereist und hast nicht mehr Artigkeit gelernt? Übrigens fragt sich's, ob ich dich will, denn es fragt sich, ob du zum Ehemann taugst.

Gräfin: Ist das nicht der Gärtnerbursche, der uns einmal so hübsch sang?

Zofe: Der mir jeden frühen Morgen einen Blumenstrauß auf das Gartentischchen legte?

Amtmann: Ehemaliger Steuereinnehmer?

Leonhard: Einstiger Lakai?

Der Vater: Früchtchen von Sohn?

Taugenichts: Kennt ihr nicht die schöne Stadt Wien mit ihrer blauen Donau, ihrem rauschenden Wald, den prächtigen Straßen? Die Herrschaften dürfen versichert sein, daß ich mich demnächst auf längere Zeit hier anzusiedeln beabsichtige. Mich liebt ein Mädchen, die zwar ihr Leben lang das Gegenteil sagen wird. Ich fühle mich ihr aber zu allem möglichen verbunden. O, daß mir Humorlose ihr Gehör entzögen! Wär's für mich wie für sie nicht das beste? Ich kam nicht als Musterknabe zur Welt; daran bist offenbar du schuld, mein lieber Vater, wofür ich dir übrigens dankbar bin. Das Früchtchen sei dir gern verziehen. Von nun an wirst du mich als einen respektablen Menschen betrachten. Ich hielt eine Zeitlang meine Mamsell für die Gräfin; das war naiv; aber ich wünschte nicht, ich wär's nicht gewesen; möchte lieber mit allem gleich wieder von vorn anfangen, als daß ich's nicht erlebt hätte. Im eigenen Kleid fühlt jeder sich am wöhlsten; ich habe jedenfalls wenig gegen mich einzuwenden, lasse hier und da gern an mir was aussetzen, höre sogar mit Vergnügen einen Tadel; nur sei er gerecht, sonst sorg' ich, daß er an mir abgleitet.

Zofe: Machst du's mit dem Lob auch so?

Taugenichts: Offen eingestanden: nein! Loben ist wie eine Art Lieben; wer möchte das abschütteln? Wär' das galant? Halte mir deinen Mund dar, und du siehst dann, daß ich unter anderem auf der Wanderschaft auch das Küssen lernte.

Zofe: Wirst es bei mir nicht verlernen. Will dir genug Arbeit geben und hoffen, daß du dir nie abgewöhnst, zärtlich zu mir zu sein. Ich nehme beständige Zunahme an; du mußt mich von Tag zu Tag, von Jahr zu Jahr höher schätzen und dementsprechend immer lieber gewinnen.

Taugenichts: Einverstanden! Schau, daß du immer hübsch bleibst; ich meinerseits will schauen, daß ich gescheit bleibe.

Zofe: Wo gefiel es dir am besten?

Taugenichts: Dort, wo ich begann, d. h. dort im Grase.

wie es uns Eichendorff so reizend schildert. Wie ich es fühlte und empfand, denn bin ich diese dichterische Figur nicht selbst, obgleich ein anderer? Schaute da den Blumen zu, wie sie sich mit stummer Wonne, oder darf man sagen Seligkeit, unter leisen Windstößen hin- und herbewegten, als wenn sie auf irgendeine Art und Weise sagen wollten: wie sind wir schön und glücklich! In den Himmel schaut' ich, und hatte den Kopf voll schier verrückt machender Ideen, eigentlich dacht' ich aber an nichts. Was hätt' ich studieren sollen? Ich stellte mir reiche, stolze Städte vor und glaubt', ich säh' sie. Später sah ich sie auch wirklich. Aber jene Taugenichtsstunden, die mit Bachesrauschen, Mühlradsklappern, mit dem einsilbigen und lustigen Hühnergackern, Grillengezirp, Schwalbenzwitschern, Fuhrmannspeitschenknallen und Wagenrollen eng verquickt sind, machen mich für's Leben froh. Redet nicht, ihr wißt's doch nicht. Nur der Taugenichts versteht's; nur er weiß, was es ist; denn nur er spricht aus Erfahrung. Auch das Nichtstun ist ein Metier, es stellt sehr viele Anforderungen. Nüchterne und fleißige Leute haben davon keine Ahnung. Wie's in jenen Bäumen um die heiße und doch kühle Mittagszeit bezaubernd von Grün und Licht zitterte. Wenn sich's über mir wölbte, ich die Augen schloß und blind in ein Meer von Glanz blickte, sich mir ein Paar Augen entgegenwandten, nah und doch unsäglich fern, Augen, die den deinen ähneln, liebstes Ding du, – doch nun nichts mehr von diesem Früheren. Ich erkläre das alles für endgültig überwunden. Schlendern hat abgewirtschaftet. Standpunkte sind nun andere. Man hat Vertrauen in mich zu setzen begonnen; demgemäß muß ich mich natürlich nun auch aufführen. Nur noch leicht weht es aus der Vergangenheit ums vollauf beschäftigte Gedächtnis. Was muß ich nicht alles tun? Einen vorurteilsbefangenen Vater beschwichtigen, einer Gräfin Hände küssen, einen Gärtner ersuchen, seine Meinung zu ändern, einem Schreiner den Auftrag geben, Möbel anzufertigen, da ich nun ein eigenes Heim gründe und alles darin von Neuheit blitzen soll; ferner eine Braut umarmen (*er tut es*) und aus vollem Halse lachen (*tut es*) und glücklich sein, hoffentlich für immer. Nun geh' ich zu meiner Mutter, sie sitzt im traulichen, lieben Stübchen, wo ich einst tagelang träge herausschaute. Der Wald nah, das hübsche Gärtchen. Gewiß wird sie sich über meine Ankunft freuen. Seht, wie's hell wird. Freut euch, klatscht in die Hände. Heute soll es ringsherum keinen geben, der mit sich und seinem Nachbar nicht übereinstimmt. Laßt uns Türen und Fenster mit Kränzen schmücken und auf offenem Platze dann zusammen tanzen. Adieu einstweilen.

DAS LIEBESPAAR

In einem Salon

Oskar:
Sieh, was es hier für Leute gibt,
wie feierlich sie sich bewegen;
der eine macht sich mächtig breit,
der andre bückt sich und ist schüchtern.
Es gibt hier etliche, mit denen
ich beinah' Mitleid haben möchte.
Ach, alles ist so zweifelhaft,
so dürr und hart, mich dünkt, die Menschen
könnten noch zehnmal zarter, feiner,
gewissenhafter, art'ger sein,
wenn's denn schon einmal darauf ankommt.
Die Höflichkeit, die paar Manieren
machen noch nicht den wahren Umgang,
die wirkliche Gesellschaft aus.
Wie herzlich sie auch immer tun,
sie sind sich fremd; ich habe eine
unglaublich große Lust, morgen
früh fortzureisen, kommst du mit?
Lockt's dich, mit mir hinauszugehen?
Emma:
Da du es bist, der mich dazu

aufmuntert, tu' ich es mit Freuden.
An dich ja glaub' ich, wie ans Licht
und wär' zu noch viel Schwererem
entschlossen, als mit dir zusammen
spazier'n zu gehn.

Oskar:

               Wie machst du mich
mit deinem Einverständnis glücklich.

Emma:

Und du mich erst mit deinem lieben
Vertrau'n zu mir.

Oskar:

               Und du mich erst
mit deinem Mut.

Emma:

               Und du mich erst
mit allem, was nur an dir ist.

Oskar:

Liegt nicht das Leben wie ein Garten
vor uns, und fühlest du nicht auch,
wie schön die Welt ist?

Emma:

               Fühlt' ich's nicht,
wie könntest du mich dann ertragen?
Könnt'st du mit einem Püppchen dich
befreunden?

Oskar:

               Nein, das könnt' ich nicht.

Emma:

Ich auch nicht, wär' ich du.

Ein Wald

Oskar:

Ist's hier nicht herrlich?

Emma:

                        Still ist's wie
in einem Tempel, sind die Tannen
nicht fast wie Säulen und der moos-
bedeckte Boden wie ein Teppich?
Hier wachsen wundersame Blumen,
die ich wohl alle pflücken möchte,
doch mag ich nicht die Störerin
von solchem zarten Leben sein;
das hieße ja den Wald mutwillig
entweihen, solches liegt mir fern.

Oskar:

Wie uns die Größe hier umgibt
und doch auch jedes kleine Blatt
zur Geltung kommt, hier gibt es nichts,
was sich dem Blick verbergen muß.
Der Käfer darf sich regen, und
Ameisen gehen hin und her,
und aus dem Göttlichen herab
fällt Sonnenlicht, und draußen spielen
die Winde. Hörst du in der Ferne
die Eisenbahn, dort reisen jetzt
auch Menschen. Wir sind hier bei Hasen,
Eichhörnchen, Schmetterlingen, bei
uns selbst.

Emma:

           Was tun wir, wenn es Nacht wird?

Oskar:

Wir legen irgendwo uns hin

und schlafen auf der Erde, als
wär'n wir zu Haus und wollten sanft
zu Bett geh'n.

Auf einsamer Berghöhe

Emma:

Ich wollt', ich wäre weniger müde,
wie rasch die Kräfte doch entschwinden!

Oskar:

Soll ich dir Wasser suchen geh'n?
Vielleicht entdeck' ich eine Quelle.

Emma:

Nein, bleib, es wird schon gehen, laß
uns ruh'n. Wie schäm' ich mich der Schwäche!
Ist nur der Leib ein bißchen matt,
gleich will die Seele auch verzagen.
Ach, daß man essen, trinken muß
und nicht am Schönen schon sich satt ißt
und trinkt. Wie hoch die Schwalben fliegen,
wie gerne möchte ich im Luftmeer
leben! Die wundervollen Wolken!
's ist nicht für uns, wir sind dafür
zu schwer, daß uns doch der Gedanke
schon kräftigte und wir uns stark
fühlten bloß vom Bewußtsein. Ist
dort nicht ein Haus? Vielleicht bekommen
wir dort ein Tröpfchen Milch. Wo ist
meine Kühnheit? Nun kann ich mich
kaum fortbewegen.

Oskar:
Es war wohl etwas unvorsichtig,
dich, Zärtliches, hierherzuführen.

Ein Haus

Emma:
Alles ist stumm, und nur die Fliegen
summen, und nur der Sonnenschein
lebt hier.
Oskar:
Das Haus ist ganz verlassen,
die Wände schwarz, als hätt' es hier
gebrannt. Kein Ton; bloß einiges
Übriggebliebenes. Kein Möbel,
und niemand, der uns fragte, was wir
zu suchen haben. In der Küche
wurd' wohl schon lang nicht mehr gekocht.
Emma:
Schläft dort nicht jemand?
Oskar:
Nein, 's ist bloß ein
Stück Holz. Komm weg.
Emma:
Wie sehn' ich mich mit
einmal nach Menschen.
Oskar:
Vielleicht treffen
wir jemand, der uns sagt, wo eine
Ortschaft liegt.

Oskar:

Die Mädchen spielen, und die Tauben
flattern, und ernstgekleidete
Frau'n geh'n einher. Der sanfte Strom
dort, und die Brücke drüber. Ganze
Familien sind im Freien, jung
und alt und arm und reich, ein Hündchen
geht hinter einer Dame. Glocken-
geläute – die Gestalten, und
das Steinerne, die Häuser, die schon
jahrhundertlang besteh'n und dennoch
so fest sind, daß es scheint, sie seien
erst gestern aufgerichtet worden.
Sieh den Palast mit seinen Statuen,
wie stolz, gewaltig, zart er dasteht!
Was mag nicht alles schon in seinem
Innern gescheh'n sein. Aus den offnen
Fenstern schau'n Leute auf das Leben
herab, als säßen sie in einem
Theater und säh'n bloß ein Schauspiel.
Sie sind vor lauter Zuschau'n ganz
leblos geworden. Nun der Himmel
über den Gassen, die bald eng,
bald breiter sind. In Restaurants
trinken sie Bier, politisieren,
spiel'n Karten oder scherzen mit
der Kellnerin. Was will der Mensch
von uns? Er schaut uns an.

Der Fremde:

                    Ich bin
Schreiner, und auf der Wanderschaft,
und wenn ihr mir was schenken wollt,
so wünsch' ich euch ein langes Leben
und ungeschmälerte Gesundheit.
Hab' nämlich grade riesig starken
Durst und würd' gern ein wenig dort
ins Wirtshaus gehen.

Emma:

                    Gib ihm was.
Er redet ungeschminkt und offen.
Solch schlichte Leute lieb' ich sehr,
sie tragen noch die gute alte
Zeit mit sich in der Welt herum.

Vor einer Kirche

Emma:

Die Tür' ist offen, daß ein jeder
ins Innere schauen kann, wie schön
ist's hier. Das Heiligtum ist mit
Malerei'n geschmückt. Dort betet jemand,
und nur zwei Schritte weit entfernt
bereden sie mit plaudernder
Zwanglosigkeit den lieben Alltag.
Hier kann ein jeder fühlen, was
er will, es ist ihm nichts befohlen.
Gott will nicht, daß man an ihn glaubt,
er drängt sich keiner einz'gen Seele
auf, denn es ist an ihm nichts, was

uns zwingt. Wer ihn nicht braucht, sieht ihn
auch nicht, er existiert für die, die
ihn lieben und ihn seh'n und ihn
begehren. Ist er nicht das mild'ste,
sanfteste Wesen, Güte durch
und durch? Rings um den Tempel zwitschern
die Vögel, und die Felder und die
Wiesen sind nah, nichts ist hier unhold.
Der Geistliche spricht mit zwei Frau'n,
hat etwas an sich wie von einem
Weltmann, der mit gewinnender
Gebärde mehr erreicht, als mit
Unduldsamkeit und Stolz. Er tröstet,
indem er scherzt, und unterrichtet
lächelnd, weil er sich nur als schlichten
Mitmenschen fühlt, es duftet hier
nach allem Geistigen und Ernsten
und Liebenswürdigen zugleich.

Am Rand einer Schlucht

Postkartenverkäuferin:
Kauft einer alten Frau was ab.
Oskar:
Was habt Ihr Schönes?
Verkäuferin:
Hübsche Karten,
lehrreiche Schriften.
Oskar:
Was für ein Buch ist's? Wovon handelt's?

Verkäuferin:
  Von einer aus der Strafanstalt
  entlass'nen armen Diebin, wie sie
  Beschäftigung sucht und wieder redlich
  arbeiten will, doch von den Menschen
  verstoßen wird, wie sie zu ihrem
  Knaben hinkommt und ihn ans Herz
  drückt, er jedoch von ihr nichts wissen
  will und voll Schreck von ihr entflieht,
  wie ihr das weh tut und sie eines
  Nachts träumt, sie habe neuerdings
  gesündigt, säße wieder hinter
  den Eisenstäben, sie das nicht
  erträgt und lieber in den Tod geht.
Oskar:
  Gebt mir ein Exemplar. Was kostet's?
Verkäuferin:
  Nur vierzig Rappen.
Emma:
                                    Interessieren
  dich solche Sachen?
Oskar (zur Frau):
                                    Seid Ihr nicht
  Flückigers Schwester?
Verkäuferin:
                        Ja, die bin ich.

                    Es ist Abend

Emma:
  Wie alle Gegenstände glüh'n.

Die Häuser und die Bäume und die
Wälder sind rot vom farbigen Strahl.
Ist heut' die Menschheit auf den Beinen,
Kinder, Erwachs'ne, alle Armen
und Guten, die Begeisterten
und Freud'gen?

Oskar:

Es zieht sie alle nach demselben
Punkt, und in all'n ist ein Gedanke.
Waren sie tot und leben jetzt?
O wie sie alle fröhlich schau'n
und heiter schreiten. Auch die Müden
regen sich leichter, alle, alle
sind jung, als gäb' es fortan nur
noch Jugend. Hat ein Gott die Kleinheit,
Unedelherzigkeit und Trägheit
zerstreut, ist etwas Menschliches
zu uns gekommen? Bis dahin
sah ich das Meer noch nie, jetzt seh' ich's.

Emma:

Blendet die Sonne uns, daß wir
zu sehen meinen, was doch gar
nicht existiert?

Oskar:

     Es stand und sang
einer am Fenster, da löst' alles
sich los und wurde übermächtig
und schwamm wie in den Mittelpunkt
und wurde brennende Gegenwart.

Emma:

Niemand ist da, wir haben Dinge
geseh'n, die nur im Geist und in
den Träumen leben.

Oskar:

       Wohin zieht's uns?

Emma:

Ich glaubte, alle Menschen sehnten
sich nach Beseligung und gingen
in ungeheurem Zuge in
den Sonnenuntergang, dorthin
wo ihnen ein viel schön'res Dasein
blüh'n würde, alle Wege seien
voll gläubiger Geschöpfe, ihre
Seele dem Wahren zugewandt.
Nun seh' ich nichts, als dich, das ist mir
nur lieb, du Einziger, bist mir alles.

     Ein Restaurant
(*Ein Herr und eine Dame unterhalten sich über
einen Dritten.*)

Dame:

Das wäre ganz gewiß für ihn
in jeder Hinsicht vorteilhaft;
sollt' sich's nur richtig überlegen.

Herr:

Wenn er sich's lang noch überlegt,
ist er ein Tropf.

Dame:

Amerika
liegt ja nicht aus der Welt, schon mancher
hat dort sein Glück gemacht, 's wär' schad um
solch günstige Gelegenheit.

Herr:

Er soll sie nützen, sage ich.
Schick' ihn zu mir, ich will acht Tag' lang
nichts zu ihm sagen, als «Mach', daß
du fortkommst.» Reisen soll er, tut
er's nicht, so fehlt's im Kopf ihm, und er
gehört ins Narrenhaus. Dort drüben
gewinnt er Geld wie Steine, bringt's zum
Direktor, zu was bringt er's hier?
Zum armen Wicht und kann verrosten.
Dächt' ich, daß er nicht gehen will,
so würd' ich toll, käm' aus dem Häuschen,
würd' rabiat und kriegte Krämpfe.
Wer ein gemachter Mann sein kann
und nicht das Nöt'ge schleunig tut,
um es zu werden, dem sollt' man
ein Brett aufhängen mit der Aufschrift:
«Ich bin ein Esel.» Das ist meine
aufricht'ge Meinung. Geht er die Chancen
nicht holen, die er schon so gut wie
im Sacke hat, so werd' ich rasend.

Dame:

Er wird schon gehen wollen.

Herr:

Mach' mich
nicht hitzig. Deine Ruhe hat was
Empörendes. Geld, Geld, so nimm's doch,

wenn man dir's gibt, zum sapperment!
Wo um 'nen Geldgewinn sich's handelt,
ist's mir egal, ob ich oder ob
ein anderer ihn einsackt. Hauptsach'
ist, wenn er überhaupt erzielt wird.
Was kann ein Kind, wie du eins bist,
von solchen Sachen wissen, mach' mich
nicht lachen. Reist er nicht, so weiß er
nicht, was sich schickt. Schick' ihn zu mir,
ich will ihn stoßen, bis er abdampft.
Komm, geh'n wir; gibst du zu, daß ich
recht habe? He?

(Gehen ab)

Emma:

Wir haben da ein
hübsches Gespräch mit angehört.
Was sagst du?

Oskar:

's ist wie ein Beweis von
Erfolgssucht. Würd'st du solchen Menschen
achten und lieben können?

Emma:

Schwerlich.

Straße, frühmorgens

Oskar:

Ich kenn' euch nicht, doch kommt Ihr mir
beinah' bekannt vor.

Wanderer:

Wohl mag es kommen,
daß Fremdes uns vertraut erscheint.

Ich war Soldat, marschiere nun
nach Indien, ganz auf eigne Faust,
eigene Kosten, eigene
Verantwortung, die Reise nehm' ich
so ruhig wie möglich, sie darf
jahrelang dauern; habe keine
bindende Vorschrift, dann und dann
dort oder dort zu sein, und niemand
erwartet mich, so bin ich frei.
Welt und die Zeit sind groß und gütig.
Abhängigkeit ertrüg' ich nicht.
Find' irgend ich Beschäftigung,
so greif ich zu, und ist die Arbeit
beendet, nun, so wandr' ich weiter.
Ich leb' im Ungewissen, aber
das lieb' ich, enge Grenzen würden
mich ängstlich machen, Ruhe find' ich
nur hier im Freien, wo mir's ist,
als schweb' ich. Habe leichte Füße,
esse nur wenig, will wohl was wie
Mönch werden, bin mir eben aber
noch nicht recht klar darüber, 's wird sich
schon finden; hab' zu Hause nichts,
draußen alles, sollt' ich da stillsteh'n?
Springen mag ich so wenig
wie liegen, trauern grad so wenig
wie lachen, mir ist lieb, was stets
gleich ist. Vielleicht wär' ich ein guter
Gelehrter worden, hätt' dann aber
stillsitzen und studieren müssen,
das hätt' ich nicht vermocht, so tu ich
Hilfsdienst' und rücke Schritt für Schritt

vor, um dorthin zu kommen, wo es
mich hinzieht, ein Soldat wird sich
mit einigem Anstand und ein bißchen
Geschicklichkeit wohl überall
zu helfen wissen. Dort in Indien
denk' ich mir einen hohen Berg
in rosigem Lichte und im Grünen
ein Haus und Flüss' und viele, viele
sanfte, geduldige Menschen, die von
weiß Gott was leben und sich still
hinlegen, wenn es Zeit ist, macht man
von Tod und Leben doch nur allzu
viel Wesens. Sind wir besser als
die Blumen? Und doch denkt kein Mensch
an sie. Unwissend sind die Tiere,
sie schauen bloß und wissen nicht,
was gut und schlecht ist; ich find' etwas
Unschuldiges, Paradiesisches
in solcher Unklugheit. O was für
schöne, breitblättrige Bäume, was
für Wiesen, Liebes, Herrliches
es einst gegeben haben mag,
doch gibt's noch immer schöne Dinge.
Eigentlich lieb' ich nichts, kann auch
nichts hassen; achte nichts, kann aber
auch nichts verachten, lebe hin und
erhalte mich, adieu denn.
     (Geht fort)

Oskar:

               Der
weiß nicht, was Lust, was Unlust, nicht
was Glück, was Unglück ist, kennt kein

Ziel, keine Leidenschaft, ist wie der
Wind und die Wolken.

Emma:

Hat wohl auch

kein Herz?

Oskar:

Geh', frag' ihn das.

Emma:

Er ist

schon weg und gäbe mir doch keine
Antwort.

Mondnacht

Oskar:

Hörst du des Windes Stimme; oben
sitzen und steh'n sie auf dem Felsen,
machen Musik. Hier ist's entzückend!
Liebende sind's, die auf den Bänken
und Rasenplätzchen sitzen. Süß
ist Liebe; wie gering wird sie
gewertet; sie wird wohl begehrt,
doch nicht geschätzt, sie sollte höhern
Wert haben, länger dauern, viel,
viel mehr bedeuten, sie nur gibt
Glück, und nur glücklich sein gibt Schönheit,
und einzig Schönes nur ist gut.
Wie schön die Dunkelheit dich macht!

Emma:

Ja, sie sind glücklich, wir sind's auch.
Woll'n wir zu jenen Bäumen geh'n?

Der Brunnen plätschert dort so traulich.
Sieh, wie der See glänzt und die
Sterne schimmern, ist solche Nacht
nicht wie ein Heiligenbild?

Oskar:

              Dort oben
erzählen sie sich, wer sie sind,
woher sie stammen, was sie treiben,
wie gut sie's gegenseitig meinen,
und wie sie sich fürs Leben lang
lieben wollen, o welche Wonne!
und reden nichts als Wahres, fühlen
nur Gutes. Liebende sind wahr,
sie kümmern sich um keine Meinung
und brauchen in der Stille nicht auf
Deut'lei'n zu achten, niemand hört sie
als Amor, und nichts kann sie hindern,
sich zu umarmen und zu küssen;
die weiche Nachtluft streichelt ihnen
um Haar und um Gesicht, wie uns,
liebe Emma.

Emma:

Und wir, wir küssen uns nicht? Weshalb nicht?
          (Sie tun es)

Oskar:

Sind sie fleißig,
so woll'n auch wir nicht träge sein,
und was sie fertig bringen, wird wohl
auch uns gelingen.

Emma:

         Selig sind
Liebende, alle, die sich lieben,

versteh'n einander. Müssen wir nicht
fühlen, eh' wir verständig werden?
Verstand allein tut's nicht; wie oft ist
er unvernünftig.

Oskar:
Ich staune über deine Weisheit.

Emma:
Du machst dich über mich wohl lustig.
Doch tu es nur; ein bißchen Spott
schad't nichts.

Oskar:
                    Wenn du's nicht übel nimmst.

Emma:
Geh'n wir doch jetzt zu jenen Bäumen,
dort weht es weniger, dort ist's
dunkel und still, dort woll'n wir sitzen
und sehen, ob wir auch so zärtlich
sein können, wie die andern; wollen
uns einen Kuß geben, der uns
vielleicht ebenso süß dünkt, wie den
andern der ihre, und uns lieben, und
dabei an die Liebkosungen,
an die Freude und an das Glück der
anderen denken; muß uns das nicht noch
glücklicher machen?

Jahre später. Oskar sitzt in einer Stube.

Emma (blickt durchs Fenster, spricht mit sich):
Er merkt mich nicht, hört nichts und sieht nichts,
hat lediglich mit sich zu tun,

liest nur und liest, kennt nur noch Bücher
und steckt tagein, tagaus im Zimmer;
mag nicht mehr schauen, nicht mehr plaudern;
ans Wandern denkt er nicht, die Wege,
die Wälder und die Menschen
hat er vergessen, mich
wohl auch; sein hübsches Lächeln ist ihm
entschwunden; denkt, sinnt, kommt nicht fort,
die heitre Luft, der blaue Himmel locken
ihn nicht mehr; traurig scheint er nicht,
die Einsamkeit behagt ihm; all
die Stunden, die er hier in einer
Verschlossenheit verbringt, reuen
ihn nicht, ich steh' umsonst hier, er
vermißt mich nicht. Seine Gedanken,
sein Suchen, sein erfind'risches
Woll'n, eisernes Lernen sind ihm
alles, drüber hinaus begehrt
er nichts; ich könnt' ihn
anreden, würd' ihn aber doch nur
stören; so geh' ich lieber wieder. Die
Sonne, das Zittern
des Lichtes, all das freundliche
spielende Leben, all das Weiche,
Sinnreiche, ist ihm nichts; ihn fesseln
nur noch die Bewegungen
des Geistes, die Köstlichkeiten
im Reich des Denkens. Wie er dasitzt,
er kommt mir beinah wie gekrümmt vor,
sein sonst so schlanker Hals ist unschön,
's ist etwas wie von einem Last-
träger an ihm, er hat auch sich

selbst nicht mehr lieb, verleugnet sich,
beachtet nicht die Wirklichkeit mehr,
baut sich in Gedanken etwas
auf, und nur das, was er ersinnt,
hat Daseinswert für ihn. Ich geh'
und komm' nicht wieder, wenn er meine
Nähe nicht spürt, so wird er auch mein
Ausbleiben nicht empfinden, ich
kann ihm nicht helfen, niemand kann das.

Verführer:
Was willst du mit dem Stubenhocker?
Ich mein' es ehrlicher mit dir.
Deine Schönheit ergreift mich tief.
Tatsächlich! Und wenn du gestattest,
so widme ich dir meine Dienste.

Emma (schaut ihn erstaunt an):
                                    Wie?

Verführer:
Ich möcht' mich dir unentbehrlich
zu machen suchen, und ich glaube,
daß das nicht allzu schwierig sein wird.

Emma:
Was du dir einbildest.

Verführer:
                        Er dort
drinnen betrügt dich.

Emma:
                        Das tut er
aber sicher nicht leichtsinnig.

Verführer:
Und dennoch tut er es und hat dir
nicht einmal was dabei zu bieten,
der Idealist.

Emma:
                    Was willst du denn?

Verführer:
Dir zeigen, einer könne edel,
doch dabei hart, ein anderer
gemein, doch dabei einigermaßen
wohltuend sein.

Emma:
                    Und rühmst dich dessen?

Verführer:
's ist mit dem Schönen nicht so schön,
dem Häßlichen auch nicht so häßlich,
wie unerfahrne Seelen meinen.
Ich mach' dich mit der Welt bekannt,
will dir die Augen öffnen und dich
ins Leben führen, denn ich seh' dir's
ja an, wie du dich danach sehnst;
mit einem Wort, ich will dich fördern.

Emma:
Du Lügner!

Verführer:
                    Mich entzücken deine
Beleidigungen. Weißt du, wie ich
dich reizend finde?

Emma:
                    Wär' er mir
wirklich nicht gänzlich unerträglich?

Oskar:

Was mußt' ich jüngst im Traume sehn,
nichts gingen sie sich alle an
und wollten doch nicht auseinander,
bös waren sie und fahl und bleich
und hatten keine Hoffnung, jemals
sich zu gewinnen, blickten sich
mit düstern Mienen an, und keiner
konnte den anderen verstehen;
sagten sich weder Angenehmes,
noch Wahres, wollten weder lügen,
noch fanden sie die Kraft zur vollen
Aufrichtigkeit, wie Schlangen kroch all
das Kranke und zerbiß sich; einer
wollt' helfen, doch statt Worte drangen
ihm Flammen aus dem Mund, und wo er
beruhigen wollte, schlug er Wunden.
Angstvolle Augen, und um nichts
in Angst, zerrissene Herzen, alles
feindselig, und um nichts verfeindet;
Qual, und um nichts gequält, um nichts in
Erregung, und nicht einmal Schmerzen,
trotz aller Schmerzen, alles Leben
zerteilt, zerschnitten, und die Menschen
in Kleinlichkeit umirrend; flieh'nd
und sich gleichzeitig brüstend, daß man
ihr Leid nicht säh', und jetzt dies Klagen
um das Verlorne, wo doch nichts
verloren war, sie sich's doch nur
einbildeten, was alle wohl

wußten, keiner nicht wußt' und vielen
darum die Hölle komisch vorkam.

Emma:

Was sah ich jüngst im Traume? War es
er, der so lebhaft rang, und war's
ich, die nicht an ihn glaubte, die den
anderen glaubte, die die andern
im Rechte dacht' und ihn im Unrecht,
die ihn gefallen glaubte, weil es
die andern dachten. Warum kehrt' ich
mich von ihm ab? Weil es die andern
alle taten, und weshalb taten
sie's? Weil er kämpfte? Ist's nicht um
Kämpfende hell und um Untätige
finster? Wie schwer doch war's um ihn.
Mit Schutt war er bedeckt; so oft er
sich reinigte, fiel neuer Staub
herab, doch immer wieder stand
er auf, zehn-, zwanzigmal, fiel wieder,
hob sich von neu'm; mit einmal fand ich
ihn schlafend, mit halboffnem Munde,
auf grüner Erde; Hände ruhig
und zärtlich wie bei einem Bildnis,
Brust unbedeckt, und über seinem
Kopf eine Stadt, ganz bläulich, silbern
und goldig, o so zart und schön!
Sah ihn dann ohn' Gesicht und ohne
Glieder, und doch erkannt' ich ihn.
Wie leid er mir da tat! Erblickt' ihn
plötzlich lebhaft, behend und stark,
voll Eifer. «Ah, er bahnt sich
nun seinen Weg», dacht' ich und rief ihn;

er schaut' zurück und zeigte mir
sein tatenlust'ges Antlitz, doch schon
zog die Bewegung ihn mit fort,
ließ ihm nicht Zeit; ich wußt' nicht, was
er tat, doch eine Stimme sagt' mir
so Freud'ges, Festliches, daß ich's
sein ließ, wie's war, ich glaubte
ans Edle, wußt' ihn gut und froh.

DORNRÖSCHEN

Dornröschen:
  Ihr, die ihr hier im Kreise steht,
  schaut bitte, einmal aufmerksam
  auf diesen Mann, er weckte mich
  aus hundertjähr'gem, tiefem Schlaf
  und nun begehrt er mich zur Frau.
König:
  Er wird doch nicht so dreist sein woll'n,
  was hat er Wichtiges geleistet?
Dornröschen:
  Er kam hierher und küßte mich,
  und von dem Kusse wacht' ich auf.
Erste Hofdame:
  Das kann ein andrer schließlich auch.
Königin:
  Gewiß hat er das Schloß befreit
  und uns erlöst aus Zauberbann,
  doch das rechtfertigt sein Begehr'n
  doch hoffentlich noch lange nicht.
König:
  Ich hoff' es auch,
Zweite Hofdame:
              ich auch,

Dornröschen:

ich auch.

König:

Sagt, bester Fremdling, könnt ihr euch
auch ordentlich legitimieren?

Dornröschen:

Hat er nicht Augen wie das Meer,
und eine Miene wie von Marmor,
Gebärden nicht wie von Granit?
Ei, solchen Menschen mag ich nicht,
such' er sein Schätzchen sich wo anders.

Dritte Hofdame:

Vor allen Dingen sollt' er doch
sich etwas freundlicher benehmen;
er steht wie'n Stock und rührt sich nicht,
hat auch den Mund noch nicht geöffnet,
he? kannst du reden oder nicht?

Der Fremde:

Ich rede nachher noch genug,
es wird wohl nicht so schrecklich eilen.

König:

Uns hat er aus dem Schlaf geweckt
und scheint doch selber noch zu schlafen.

Hausmeister:

Der Dienst, den er uns da erwiesen,
ist sicherlich recht zweifelhaft
und alle Sorge unsertwegen
hätt' er sich füglich sparen können.
Ging es uns nicht im Schlafe prächtig,
war's uns darin nicht üb'raus wohl?

Kutscher:

Schlief' ich, so müßt' ich jetzt nicht auf den

Bock steigen und mit widerspenstig
stampfenden Pferden mich bemüh'n.

Koch:

Schlief' ich, so müßte ich jetzt nicht
mich mit dem Küchenjungen zanken.

Köchin:

Schlief' ich, so rupft' ich jetzt nicht Hühner,

Mamsell:

und ich würd' keine Kissen schütteln,

Diener:

ich keine Schuhe putzen müssen.

Jäger:

Die Jagd würd' schlafen wie ich selbst,
wär' dieser Monsieur nicht gekommen.

Intendant:

Mich würden keine Bücher plagen,
Rechnungen revidiert' ich nie,
Bilanzen kümmerten mich wenig.

Hofdichter:

Schlief' ich, so müßten jetzt nicht Verse
gehobelt werden, läg' noch auf
dem Ohr und träumt' von nichts als Ruhm.
Nun müh' ich mich um Reimerei'n
und werde nichts als Undank ernten.
Drum wollte ich, er wär' beim Kuckuck
geblieben, oder wo's ihm sonst
behagt', und hätt' uns ruhen lassen,
das war kein Meisterwerk von ihm.

Minister:

Läg' ich noch nach wie vor im Schlaf,
so strengt' ich kaum den Kopf mir an
mit schwier'gen Kombinationen.

Kinderfräulein:
  Muß ich nun nicht von neu'm die Kleinen
  beständig ans Betragen mahnen?
  Es denkt wohl niemand, welche Fülle
  von Überwindung mich das kostet.
Der Doktor:
  Gelehrsamkeit und Wissenschaft
  hätten mein'twegen ruhig noch
  ein Weilchen weiterschlummern können.
Erste Hofdame:
  Er rechnet sich ja jedenfalls
  zur Ehre an, was ihm gelungen.
  Hätt' er doch lieber jemand anders
  mit seiner Gegenwart beglücken
  und uns damit verschonen wollen.
Dornröschen:
  Nun ist er aber einmal da.
König:
  Ja, leider.
Dornröschen:
               Sag', wie kamst du her?
  Hast du nicht Augen wie das Meer?
  Haben Wellen dich hergeworfen,
  fielst du aus Wolken uns herab?
Der Fremde:
  Komm ich dir denn so unerwünscht?
Dornröschen:
  So mich im holden Traum zu stören
Der Fremde:
  Ist Wirkliches nicht auch ein Traum,
  sind wir nicht alle, ob wir auch
  wachend handeln, etwas wie Träumer,

Nachtwandler auch am hellen Tag,
die mit Einfällen spielen
und tun, als wär'n sie wach?
Nun ja, wir sind's, doch was ist Wachsein?
Uns führt ein Gott fortwährend an
der Hand, tät' er's nicht, wohin ging's
mit uns? Haben wir Garantie,
daß wir's aushielten ohne Höh'res;
bestehen könnten ohne Beistand,
den wir nur deshalb nicht wahrnehmen,
weil er für uns ein Rätsel ist?
Traumhaft ist alles, uns're Häuser,
Geschäft, Gewerbe, tägliche Nahrung,
die Städte und die Länder und das
Licht und die Sonne. Keiner kann
behaupten, er versteh's. Verständnis
kommt stets nur stückweis vor, nie anders.

König:
Erst gib uns Auskunft.

Der Fremde:
                  Nun, so wißt,
ich habe mich an meines Vaters
Hofe gelangweilt, wanderte
ein's Tages fort, damit ich sähe,
was Leben heißt, und wenn ich müd' war,
so schlief ich irgendwo auf harter
Erde und ging daraufhin weiter,
und stellte sich mir jemand in
den Weg, so wehrt' ich mich, da hört' ich
von dir.

Dornröschen:
             Von mir?

Der Fremde:

                Sie sagten, du
schliefest in einem Turm, umrankt
von wilden Rosen und von Dornen,
und seist verzaubert, nur wer zu dir
hindringe, könne dich erlösen.

Dornröschen:

Das reizte sicher deine Neugier.

Der Fremde:

Wohl hatt' ich Lust, die Tat zu wagen,
ich setzte meine Reise fort,
und ob ich dich auch nie gesehen,
stets hatt' ich dich im Geist vor mir,
du gingst mit mir auf Schritt und Tritt,
abends vertrieb ich mir die Zeit,
mir auszumalen, wie du sanft und
lieb seiest, und wie's herrlich wäre,
dich zu bewegen, mich ein wenig
zu achten, fest und fester dich
zu mir zu ziehen und du von
mir denken würd'st, ich sei erträglich.
Steh' jetzt wohl etwas unbeholfen
da, doch was macht's, wenn ich nur immer
leibhaftig dasteh', und das tu ich.
So wanderte ich weiter und
kam dann hierher, ging, ohne mich
lang zu besinnen, ins umhüll'nde
Gewühl, und grad, als wenn sie wüßten,
daß nun die Zeit gekommen sei,
gingen die Stacheln auseinander,
so daß ich ungehemmten Eintritt
fand und zu dir nun eilen konnte,

ich sah und küßte dich, da schlugst du
die Augen auf,

Dornröschen:

               verwundert ob des
waghals'gen Eindringlinges?

Der Fremde:

                        Viele,
die wen'ger glücklich war'n, wie ich,
sah ich am Boden liegen, einige
schienen zu lächeln, so, als sei'n sie
glücklich im Tod, errungen um
lockenden Preis.

Dornröschen:

               Die Armen, o die
Wackeren, die das Leben gering-
zuschätzen wagten, denen schöner
schien, ein Exempel aufzulösen,
Ehre und Liebe zu erobern,
als wen'ger wert und wen'ger tapfer
zu existieren. Daran denk' ich
mein Leben lang, und der Gedanke
soll mich wie Blütenduft erquicken,
unselig will ich sein, denk' ich nicht
unausgesetzt daran, als wär' es
mir Atmen.

Der Fremde:

           Freilich, freilich, und ich
genier' mich förmlich, so erfolgreich
vor dir zu stehen –

Dornröschen:

               wo so viele
Gute hinsinken mußten, die sich

ebenso eifrig nach mir sehnten
wie du, die mit blaublitzenden
Augen und blondem Haar, unschuld'gem
Mute, die Jünglingsbrust voll Jugend-
drang, diesem Leben seinen Reiz
abzugewinnen, sich um mich
beworben – du nur langtest an,
ihnen gewährte es das Schicksal
nicht. Will es nicht, so ringen wir
umsonst, nähmen sich auch Giganten
unserer Sache an. Fortuna!
Pfui! Bin auf einen Augenblick
beinah' verdrießlich worden, sieh
mal an! Doch fang' ich an zu glauben,
du hab'st ein Recht auf mich, und es sei billig,
daß ich nun dir gehöre.

Königin:
Willst du den Schritt nicht überlegen?
Bedenke, was du da versprichst.

Dornröschen:
Würd' ich mir's lang noch überlegen,
so könnt' es mir am End' verleiden.
Nein, ich bin mit mir selbst durchaus
einig, und er ist jetzt mein Herr,
zwar hätt' ich mir den Helden anders
denken mögen, viel hübscher, etwas
gefälliger und eleganter,
hinreiß'nder auch und in gewissem
Sinne stolzer, ach, ich kann es nicht
sagen, muß ihn nun eben nehmen, wie
er ist, und tu's auch herzlich gern.

Der Fremde:
   Dein allezeit galanter Diener!
   Und sollt' ich dir nur halb gefallen,
   du dich beinahe zwingen müßtest,
   mich anzusehen und zu lieben
   und dulden, nun, so sag' ich dir,
   was ein französisch Sprichwort sagt:
   L'appétit vient en mangeant. Hoffe,
   daß mir's gelingt, dich zu befried'gen.
Dornröschen:
   So sei es! Macht Musik und laßt uns
   alle zusammen fröhlich sein.
   Die Sonne leuchtet und der Himmel
   ist bläulich, und die Winde fächeln
   uns unbefangen Kühlung zu.
   Dies Schloß ist nun lebendig, alle
   woll'n wir uns künftig munter trauen
   und eifrig helfen, wo es not tut,
   uns heiter in die Augen blicken,
   vergnüglich miteinander leben
   und solchermaßen all's in allem
   gedeihliche Gesellschaft bilden.
König:
   Da sprichst du gar nicht übel, Kind,
   ich bin dabei,
Königin:
                     ich auch,
Der Fremde:
                            und ich
   auch, denn es ginge ja nicht anders.

Dornröschen:
  Ich auch, weil's ohne mich gewiß
  nicht ginge.
Der Fremde:
              Nein, es ginge nicht.
Dornröschen:
  So aber geht's;

Der Fremde:
                  ja, ja, so geht es.
Dornröschen:
  Reden wir länger, so wird uns
  die Suppe kalt, drum brechen wir
  ab und geh'n jetzt vereint zu Tisch.
  Darf ich um deinen Arm dich bitten?
Alle:
  So wär' die Sache angenehm
  beendet mit 'ner frohen Hochzeit.

DAS CHRISTKIND

Josef:
Was geht in dieser Hütte vor,
was sehe ich für fremde Leute?
Welch eigenartige Versammlung!
Im schwachen Schimmer meiner Lampe
entdeck' ich allerlei Gesichter.
Wer seid ihr, und wo kommt ihr her,
und weshalb zeigtet ihr euch hier?
Rede du!

Ein junges Mädchen:
Kaum kann ich's erklären,
frag' mich nur lieber gar nicht aus,
ich hörte, daß hier heute nacht
etwas Herrliches sei und habe
gedacht, ich möcht' auch mit dabei sein,
obschon ich nur ein arms, verachtets
Mädchen bin.

Ein Soldat:
Sagten sie nicht,
der längst Ersehnte sei geboren?

Ein alter Mann:
Derart'ges kam auch mir zu Ohren.

Josef:
Wer sagt' es?

Soldat:

Weiß es nicht.

Mädchen:

Ich auch nicht.

Josef:
Wer aber sind die würd'gen Männer,
die da zusammen diskutieren?
Mir scheint, sie sind von hohem Rang,
das zeigen ihre prächt'gen Kleider,
ihr ganzes wohlgepflegtes Äuß'res
zu deutlich, als daß ich sie für
niedrige Leute hielt'.

Erster König:

Wir sind
Häuptlinge aus dem Morgenland,
die einen tituliern uns Weise,
andern erscheinen wir als Kön'ge.

Josef:
So, so? Ei, das gefällt mir sehr.
Schade nur, daß ich euch mit nichts
aufwarten kann.

Zweiter König:

Wir danken herzlich,
haben aber durchaus nichts nötig.
Uns labt allein schon unser Hiersein.

Josef:
Ist's möglich, daß ihr eine so
lange Reise darum machtet,
als um 'nen schlichten Handwerksmann
kennen zu lernen, kaum vermag ich's
zu fassen, nehmt es mir nicht übel.

Dritter König:
    Es wird wohl Gott gewesen sein,
    der uns den Wink gegeben hat,
    hierher in diesen engen Raum
    zu kommen, wo das Knäblein liegt,
    das die Menschheit erlösen soll.
Josef:
    Wie kommst du zu der wunderbaren
    Idee? Ich muß beinah erschrecken.
    Gewiß ist hier ein Kind geboren,
    doch kaum zu solch erhabenem
    Zweck.
Soldat:
                Zeig' es uns.
Josef:
                        Ihr möchtet es
    sehn, nun, so schaut euch nur ein wenig
    um. Dort im Winkel liegt es neben
    seiner Mutter. – Und du, Bursch, bist du
    auch wundrig?
Ein Spaßmacher:
                        Ungemein sogar!
Ein Vagabund:
    Ich möchte dieses Wunderkind
    auch gerne sehn.

Josef:
                        Der Anblick sei dir
    gegönnt. Kommt, tretet näher.

    (Alle treten zu dem Kinde.)

                                Dies ist's!

Maria:

Mit was für Leuten sprichst du da?

Josef:

Sie wollen unser Kindchen sehn,
sie sagen –

Maria:

Nun, was sagen sie?

Josef:

Es sei der Heiland.

Maria:

Wie? Dies Kind?

Josef:

Ja, und es sei geboren, um der
Glückseligkeit der Menschen willen.

Maria:

Sind sie nicht von Betrug erfaßt?

Josef:

Offen gesagt, sie machen mir
nicht grade derlei Eindruck, dafür
sind sie zu artig, reden viel zu
bedächtig. Sprich doch was mit ihnen.

Maria:

Seid mir willkommen. Besten Dank
für euer Nahn und eure guten
Mienen, und daß ihr uns so freundlich
nachfragt.

Ein Hirt:

Für einen oder zwei wird
wohl in dem Kämmerchen noch Platz sein.

Josef:

Der Andrang ist schon ziemlich groß,
doch wehr' ich euch den Eintritt nicht,

sag euch vielmehr recht herzlich guten
Abend und bitt' euch, es euch so
bequem zu machen, als es angeht.

Der Hirt:

Draußen war alles still, mit einmal
sang's aus dem Sternenhimmel: «Christ ist
erstanden!» Dachte drum, ich müss' ihn
sehn, und nun denk' ich, dieser ist's.

Soldat:

Er ist es.

Josef:

      Da ihr es durchaus
glaubt, möcht' ich es am Ende selber
glauben.

Maria:

      Bist du nicht alleweil
ein Kind, trotz deiner Jahr' und vielen
Erfahrungen; willst du, daß dich
dein Bart auslacht und deine Stirn-
runzeln sich deiner schämen? Red' nicht
so unvorsichtig.

Josef:

      Will mir's merken.
Am End' ist's Eitelkeit von mir,
so etwas von dem Kind zu glauben,
als wär's der künftige Erlöser.

Das Mädchen:

Was ist's für ein entzückend' Licht,
das ihm um das Gesichte leuchtet?
Woher rührt dieser holde Strahl?
Oder trügen mich meine Augen?

Der Alte:
    Nein, nein, auch ich seh' jetzt den Schein,
    die ganze Stub' ist hell davon,
    wenn nicht ein arger Wahn mich blendet.
Soldat:
    Ja, ich seh's auch, und alle können
    es sehn, und allen kommenden
    Menschen wird diese Stunde teuer
    sein; wird er sie nicht alle zu sich
    hinziehen, der jetzt noch nicht redet,
    aber einst Göttliches sprechen
    wird? Mich hat er gefangen, und nun
    reut mich all mein bisher'ges Tun.
    Ich zog durch Gallien und Ägypten,
    Assyrien, hab' vom Regiment
    Urlaub geholt, um dieses Kind hier
    zu grüßen. Welche tiefe Freude
    faßt mich vor seinem Bilde an.
    Hab' in Gefahren nicht gezittert,
    hab' vielen wehgetan, bin fühllos
    geblieben, wenn sie riefen, daß ich
    sie schonen sollte. Was empfinde
    ich nun? Träum' ich? Bin ich nicht mehr
    derselbe? Bin ich nun ein and'rer,
    ein Höherer?
Der Alte:
                Nein, nur ein Sanft'rer,
    doch freilich darum auch ein Höh'rer.
    Du huldigst diesem jugendlichen
    Leben, ich, Alter, tu es auch.
    Sah ich, so lang ich lebte, eine
    schönere Stunde; ist mir's nicht,

als müßte schon die ganze Welt
vom fröhlichen Ereignis und von
der großen Hoffnung wissen? Einst wird
es heißen: Damals wurden Lieb' und
Glauben geboren.

Josef:
                    Schwärmst du doch
fast wie ein Junger oder schier
noch mehr. Was ist dies für ein Geist
heut' nacht?

Maria:
                    Sie sind wohl all' entweder
nicht recht gescheit oder dann selig,
vielleicht spricht Gott aus ihrem Munde?

Josef:
Weiß ich's? Ich selber dachte nichts,
hab in dem Vorkommnisse kaum was
Apartiges gesehen, bis sie
sprachen, es lebe hier ein Wunder.
Ich schüttelte den Kopf dazu.
Du weißt ja, daß ich sonst ein ganz
vernünftiger Geselle bin,
einer, der nüchtern, praktisch denkt.
Die kindliche Erscheinung nahm ich
mir nicht gar allzu sehr zu Herzen.
«Nun, 's ist ein Kind, wie alle andern;
hoffentlich wird was Recht's aus ihm.»
Ungefähr so dacht' ich, und jetzt
bin ich von ihrem träum'rischen
Gespräche beinah irr, als hätt ich
berauschendes Getränk genossen.

Doch ich will auf den lieben Gott
vertrauen.
Maria:
            Das ist auch das beste.
Mich freut es, daß du wacker bist,
einfach und brav, wie es sich schickt.
Einer der Könige:
Wir knien vor dem Kinde nieder
und legen die Geschenke ihm
hier vor die Füße.

            (Sie tun es.)

Josef:
            Werte Herren,
benehmt ihr euch nicht gar zu artig,
dünkt euch nicht, daß ihr mir und meiner
Gattin, bescheidnen Leuten, die wir
sind, fast nur zu viel Gutes antut?
Erster König:
's ist um der treulichen Gesinnung,
und um der frohen Ankunft willen.
So etwas ist ja immerhin
eine Art Dekoration.
Bei uns sind solche Gegenstände,
so kostbar sie euch scheinen mögen,
in Hüll' und Füll' vorhanden, drum
sagt uns nicht gar so großen Dank.
Ihr gebt uns mehr, wir tragen in
unsre Heimat die Freude mit,
daß wir den Messias gesehen,
den Herrn, an den einst viele Völker
glauben, ihm Tempel baun. Er selber

wird aber nicht so glücklich sein,
wie man's wohl dächt'.

Maria:

                    Wie meinst du das?

Zweiter König:
Ein Kluger sagt nicht alles, was
er weiß, oder was er ahnen zu
können glaubt.

Erster König:

          Du hast recht.

(Zu Maria)

                         Ich meinte
nur, daß dein Sohn so groß im Lieben,
wie Dulden werden könnte; wollt' dir
nichts sagen, was dich ängst'gen müßte.

Maria:
Eben erfreut'st du mich, nun machst du
das Herz mir schwer.

Dritter König:

                    Nichts, nichts, er spricht

                                             gern
ein wenig viel.

(Zu seinem Kollegen)

          Du hättest das
besser für dich behalten können.

Maria:
Dulden? Beginn' ich nun zu ahnen,
was meines Sohnes Schicksal sein wird?
Ihr schaut mich an, als sorgtet ihr
um mich und wärt betroffen, weil ihr
mir sagtet, was nicht lieblich klang.

Josef:
Ruhe und Liebe und Vertrauen
gehn über alles.
Maria:
               Ja, du guter
Mann.
Josef:
        Nun scheint's etwas dunkler, aber
bald wird's von neuem heiter sein.
Wir wollen unser Inn'res nicht
trüblicher werden lassen. Hat dir
Gott dieses Kind gegeben, so
wird er es auch an seiner Hand
durch das unerforschliche Leben
führen.
Der Alte:
        Wie ernst nun alles ist.
Spaßmacher:
Wollen wir gehn?
Vagabund:
           Jemand muß wohl
den Anfang machen. Freud und Leid,
Größe und Niedrigkeit sind stets
nah beieinander; diese Weisheit
kommt aus einem Taugenichtskopf.
Josef:
Gut' nacht!
Soldat:
        Nun geh' ich auch, gut' nacht!
Die drei Könige:
Wir woll'n in unsre Herberg' gehn.

Alter:

Ich geh' nun wohl auch grad' mit weg.

Das Mädchen:

Und ich will gleichfalls gehn. Schlaft wohl!

Josef:

Nun sind sie alle wieder fort.

Maria:

Woll'n wir auch schlafen, wie die andern?
Du bist gewiß auch etwas müd' von
dem Reden mit den Gästen, die dir
so manches zu bedenken gaben.

Josef:

Gewiß bin ich ein bißchen schläfrig,
doch schlaf' nur lieber du allein
und laß' mich wachen, daß dem Kind,
von dem sie uns so Seltnes sagen,
die treue Wächterschaft nicht fehlt.
Schließ' nur die Augen; meine sollen
geöffnet bleiben, daß der Zartheit
nichts widerfährt, und daß dein Träumen
erfreulich sei und süße, ruh'ge
liebkosende Gebilde dich
umziehen. Wachen denn nicht auch
die Sterne draußen über unsrem
Hügel und jene ewige
Seele, der Weltengeist und dies
All, das nie ruht, doch horch', wer klopft
da an die Tür?

Ein Engel:

         Lege dich
nur hin, ein Stärkerer wird wachen.

Josef:
Ich tu, was du mir sagst.
Der Engel:

Dann tust du
gut.
Josef:
Wird dies Kind behütet sein?
Der Engel:
Sei ohne Sorge, was du liebst,
und wer dich lieb hat, wenn du treu bist,
sind ruhig, also sei du's auch.
Josef:
Gut' nacht!
Maria:

Nun hab' ich mein Vertrauen
wiedergewonnen. Wenn einst nicht
alles so schön ist, wie ich mir es
gern denke, so hab' ich wohl Kraft,
es zu ertragen.
Josef:

So schlaf' wohl.
Der Engel:
's ist doch ein sonderbares Ding
mit dem bedenklichen Gemüte
der Menschen, grad' als ob sie fliehn
stets möchten, dem, was über ihnen
beschlossen ist; woll'n immer wähnen,
alles in Ordnung stell'n zu müssen,
machen sich überflüss'ge Arbeit;
doch sind's die Lieben und die Guten,
die solches tun; sie woll'n nicht ruhen,
weil sie was zu versäumen meinen.

Mich hat der Herr hierhergesandt,
damit ich fleißig Wache steh';
es scheint, er hat die beiden lieb,
daß er sie so geschont will wissen;
hat wohl mit jenem kleinen Kinde
Besond'res vor, sonst nähm' er sich
nicht so innig der Eltern an.
Will er es mit Schönheit und Weisheit
begaben, ihm nach einem Lebens-
wandel voll Glanz ein hohes Leid
bereiten und den Schwergeprüften
dann zu sich in sein göttliches,
luftiges, ew'ges Wohnhaus nehmen?

DIE «FELIX»-SZENEN

(Aus den Entwürfen)

Felix vor dem Geschäftsladen seiner Eltern,
er ist vier oder sechs Jahre alt.

Felix: Was mir alles schon in den Sinn kommt, und ich bin doch noch so klein. Man kann Knirps zu mir sagen. Schwalben schwirren durch die Gasse und die Menschen, so nah vorbei, daß sie sie beinah berühren. Meine Geschwister gehen alle schon in die Schule. Sie machen zu Hause die Aufgaben, die ihnen dort diktiert werden. Ich halte von meinem Begriffsvermögen bereits ziemlich viel. Andere schätzen mich deswegen begreiflicherweise weniger, was mir einleuchtet. Wie hübsch ist es, so klein zu sein. Man ist für gar nichts verantwortlich. Ich bin mir förmlich noch in vieler Hinsicht ein Rätsel. All die schönen Waren im Schaufenster. Ganz zu hinterst gegen das Gäßchen ist meines Vaters Büro: schon ahnt mir ein bißchen, zu welchen Zwecken so ein Büro da ist. Meine Schwester, die jünger ist als ich, scheint sehr anspruchsvoll, sie hat ein Bedürfnis, von welchem ich mich schon weit entfernt habe, beständig muß sie einen Zapfen im Mund haben, sonst wird ihr die Situation unleidlich, kann sie sich nicht ertragen. Wie man sich nur so abhängig machen kann. Ich lache sie aus, und wenn sie das merkt, fängt sie an, laut ihrer Unzufriedenheit und ihrer Beleidigtheit einen so wehmütigen Ausdruck zu verleihen, daß ich dann ganz betroffen dastehe. O wie sind Menschen, die sich verwöhnen lassen, empfindlich. Ich staune über meine vierjährige Beredsamkeit. Ich hätte mich nie für so einsichtsreich, für so klug und umsichtig gehalten. Ich bezaubere mich förmlich. Wie nett muß es sein, mit mir zufrieden zu sein. Ich fühle, daß ich denen ein

Glück schenke, zu denen es mir beliebt, artig zu sein.
Die Großen sorgen für das Essen. Ihnen gehören die
Betten, darin man schläft. Erste Funken des Wissens in
sich aufzucken zu spüren, macht wahrscheinlich das
Dasein schöner als der Besitz aller Kenntnisse zusammen,
denn ein solcher Besitz muß doch einigermaßen lasten
und drücken. Meine Mutter eilt immer, als fände sie zu
vielem, dem sie sich gern widmen würde, keine Zeit. Sie
gäbe sich mit mir ab, wenn ihr das erlaubt wäre. Mir
scheint, sie hat zu vieles zu tun, und ich mache mir beinahe Sorgen, daß ich keine Sorgen habe. Ich sehne mich
nach solchen. Wenn ich erwachsen geworden bin, werd'
ich mich vielleicht über diesen Mangel nicht mehr zu
beklagen brauchen. Wie die Häuser hoch sind. Jetzt
kommen gerade die Schüler aus dem Schulhaus heraus,
es ist Pause. Metzger, Bäcker und Schneider, Schuh-
macher, Schreiner, das sind Handwerksleute. Man nennt
das, glaube ich, Erde, auf dem ich stehe. Ich glaube,
unsere Magd macht sich nicht viel aus mir. Über mir
dieser Himmel –
Die Mutter: Was machst du da?
Felix: Nichts.

[2]

Gartenrestaurant zur Linde.
Tische und Bänke. An den Sträuchern junges Grün.
Im Feld blühende Kirschbäume.
Die Familie ist vollzählig. Es ist Sonntag.
Felix hat aus irgend jemandes Bierglas
den Rest ausgetrunken. Sein unmögliches Betragen
wird festgestellt. Er bekommt Schläge.

Diese erfüllen ihn mit der nötigen Genugtuung.
Man kann sagen, sie stellen sein Gleichgewicht her.
Seine Ungezogenheit hat ihn entzückt
und die Züchtigung hat ihn zurechtgerückt.

[3]

Im Hof ihres Vaters, wo Kisten aufgestapelt sind,
Adelbert und Felix.

Adelbert: Was wollen wir machen?

Felix: Irgend etwas anzustellen hätte ich Lust.

Adelbert: Ich auch.

Felix: Kommt dort nicht Cäsar?

Adelbert: Wir wollen ihn unsere vereinigten Kräfte fühlen lassen. Er soll erleben, was es heißt, so sorglos durchs Hintergäßchen zu gehen. Sein heiteres Gesicht beleidigt mich.

Felix: Mich auch. In seinem Gang liegt etwas Aufreizendes.

Adelbert: Seine Unabsichtlichkeiten gleichen einer Herausforderung.

Felix: Wir wollen supponieren, er sei unser Gegner.

Adelbert: Das gibt uns Anlaß, uns über ihn und alle seine Unvorsichtigkeiten herzumachen.

Felix: Er denkt an nichts.

Adelbert: Das ist unverschämt.

Felix: Die Schlichtheit, mit der [er] das Leben auffaßt, legt uns die Idee nahe, ihn zu strafen.

Adelbert: Er verdient durchgebläut zu werden, wäre es auch nur deshalb, weil er der Sohn eines Schreiners ist.

Felix: Deine Auslegung überzeugt mich. Aber sie ist [...]
    (sie überfallen Cäsar und zerren ihn ins Höfli)

Felix: Cäsar, du bist unser Gefangener. Ein Mucks und du liegst am Boden.

Adelbert: Herrlich, unsersgleichen vor uns zittern zu sehen. Dein Name, Bürschchen.

Cäsar: Ihr wißt ja, wer ich bin.

Felix: Kennst du uns?

Cäsar: Warum sollte ich euch nicht kennen.

Adelbert: Dieser Übermütige, sich einzubilden, er kenne uns bereits.

Felix: Er soll uns erst kennenlernen.

Adelbert: Fleh uns um Erbarmen an.

Cäsar: Ihr solltet bedenken, daß, wenn mein Vater erfährt, welche unangängige Behandlung ihr mir angedeihen laßt, er mit eurem Vater darüber reden wird.

Adelbert: Er sollte hiefür eins an seinen Kopf bekommen.

Felix: Ich hätte ihn nicht für so kaltblütig, für in solchem Grad besonnen gehalten.

Adelbert: Er scheint nicht so dumm, als er gern den Eindruck macht.

Felix: Seine gute Haltung sollte uns bewegen, uns mit ihm zu vereinbaren.

Adelbert: Du willst uns also nicht um deines ziellosen Einherschlenderns willen um Verzeihung bitten.

Cäsar: Ich kann das mit dem besten Willen nicht über mich nehmen. Ich bin voll Glauben, ihr werdet keine Unüberlegtheiten begehen.

Adelbert: Seine Zungengeläufigkeit verdient Lob.

Felix: Wenn du gutmütig eine Ohrfeige hinnimmst, bist du entlassen.

Cäsar: Ich übernehme keinerlei Demütigungen und willige nicht in die kleinste Zumutung ein.

Felix: Gib ihm einen Stoß, daß er zum Hof hinausfliegt.

Adelbert: Ich verachte ihn, daß er sich von uns nicht hat verachten lassen wollen.

Felix: Ausgezeichnet gesagt.

Cäsar: Also adieu. *(er geht)*

Adelbert: Wir haben uns von ihm beeinflussen lassen. Komm, wir wollen ihm nachgehen. Wer weiß, was Belustigendes dabei für uns herauskommt.

Die Mutter öffnet ein Fenster.

Die Mutter: Könnt ihr nicht still sein, wo doch euer Bruder schwer leidet. Er wimmert, und ihr verübt Spektakel.

Felix: Alle Knaben sind darin einig, daß irgend etwas getan werden muß, um Spaß zu haben. Wir sind gesund und suchen uns unwillkürlich zu bewegen.

Die Mutter: Ja, einer ist krank, und ihr denkt nicht daran. Schämt euch.

[4]

*Felix und seine jüngere Schwester vor einem
Hause im Neuquartier.*

Flori: Ich will auch mitkommen. Du mußt mich mitnehmen, hörst du, und wenn du dich weigerst, erzähle ich's der Mutter, die wird dich dann strafen. Sie kann's nicht ausstehen, wenn ich mit Klagen zu ihr gehe, und weil es sie peinigt, rächt sie sich dann an dir. Du wirst also einsehen, daß du mir gehorchen mußt.

Felix: Ich will nicht.

Flori: Wie? Du wagst Widerspruch?

Felix: Ich allein bin eingeladen worden. Es hat nicht das geringste von dir verlautet. Du hast absolut kein Taktgefühl, du bist eine Aufdringliche, hängst dich mir an.

Flori: Du bist wütend auf mich. O, das erquickt mich,

du vermagst es dir nicht einzubilden. Aber all dein großer Zorn, all das Sichtliche und Hervorragende deiner Entrüstung sind umsonst vorhanden, schützen dich nicht vor dem Einfall, den ich nun einmal habe und der dahinzielt, daß ich mit dir in dies Haus gehen will, denn ich stelle mir vor, man trage uns da etwas Gutes zum Schmausen auf.

Felix: Hast du wirklich gar kein Ehrgefühl? Siehst du nicht, wie mich deine Anhängerschaft gegen dich aufbringt?

Flori: Deine Aufgebracht[heit] ist nur ein Grund mehr, dich durchaus zu begleiten.Weil du nicht von mir begleitet sein willst, sollst du's.

Felix: Ich werde dich die Treppe hinunterstoßen.

Flori: So grob vermagst du wohl zu reden, aber nicht zu handeln.

Felix: Ich könnte dich schlagen.

Flori: Du bist zu [wenig] verstimmt dazu. Aber auf alle Fälle muß die Mutter von deiner Unartigkeit in Kenntnis gesetzt werden.

Felix: Wenn ich dir erlaube, mitzukommen, wirst du dann nichts sagen?

Flori: Du fürchtest dich vor der Mutter?

Felix: Nicht direkt vor ihr, aber vor den Vorwürfen, die sie sich nachher selber macht. Sie tut mir zu leid, wenn sie bös ist.

Flori: Deine Befürchtungen scheinen also von anderer Art zu sein, als ich dachte. Ich will überlegen, ob ich dich anklagen werde oder nicht.

Felix: Wenn du mich verklagst, wird sie mehr bestraft als ich. Machst du dir gar kein Gewissen, sie gegen mich aufzureizen, wo du in Betracht ziehen solltest, wie sie sich weh tut, gereizt gegen mich zu sein?

Flori: Da du doch so feinsinnig veranlagt bist, warum wehrst du dich dann gegen meinen Willen?

Felix: (er macht eine einladende Handbewegung, sie gehen ins Haus, Flori voran mit der Miene der Überlegenen)

[5]

Flori mit ihrer Freundin Greti mit Puppen usw.
beschäftigt, im Korridor.

Der Vater (zu seiner Tochter): Wie kannst du nur gerade an einem so ungezogenen Kind Gefallen haben.

Flori: Greti ist die Allerliebste von all meinen vielen, vielen Freundinnen. Wie bist du aber auch so hartherzig zu mir, Vater. Du wirst mir alle meine Freude rauben. Ich sehe es kommen.

Der Vater (in der Tonart höchlicher *Verlegenheit):* Es ist sehr unrecht von dir, so etwas zu sagen. Gab ich dir nicht schon hundert Proben meiner eigentlich recht unfaßbaren Vorliebe für dich?

Flori: Wenn du von Greti nicht gut denkst und dir Mühe gibst, mir sie zu verleiden, bin ich dir böse.

Der Vater (mit einem Lachen, das er für sich behält): Ich will mir's merken.

Die Mutter (die das von der Stube aus hörte): Schämst du dich nicht, dir von Flori auf der Nase herumtanzen zu lassen? Man kann wirklich nur staunen.

Der Vater macht auf diesen Vorwurf hin das
bedenklichste Gesicht, das vielleicht je in
Familienkreisen gemacht wurde. Er sieht jedenfalls
äußerst besorgt aus.

Felix: Diese Greti sieht mit ihrem dichten Haar, das ihr

unalltägliches Gesicht so malerisch einrahmt, wie die Poesie selber aus. Ich kann Flori begreifen. Der Vater steht unter seines Töchterchens Pantöffelchen, er zeigt das ein wenig gar zu offen, aber man muß ihm das Recht dazu lassen. Es ist ihm doch auch etwas Nettes zu gönnen. *Greti:* Wie ich mich unter Floris Protektion in dieser Familie als Siegerin fühle. Meine Miene muß jetzt eine stolze sein. Der Felix schaut mich in einem fort aus wohlabgemessener Distanz an. Ich muß ihm ungeheuer hübsch erscheinen. Es gibt doch nichts so Amüsantes als interessant sein.

Der Vater respektiert Greti, damit er seine Tochter
Flori nicht kränke. Er hätte zwar Lust,
zu Greti zu sagen, sie passe ihm nicht, da sie aber
seiner Tochter paßt, der er kein Leid zuzufügen wagt,
nimmt er mit dem Trost vorlieb, Flori und Greti
könnten sich ja gelegentlich verzanken.
Aber sie sehen wenig danach aus. Sie scheinen
förmlich aneinander angewachsen. Die Spielsachen
sind beglückt, daß sie von zwei sich so gut
verstehenden Freundinnen benützt werden. Das Haus,
worin eine so unangreifbare Mädchenfreundschaft gedeiht,
gehört einem Sattler und liegt an der Madretschstraße.
Flori (zu Greti): Du kannst immer ruhig zu uns kommen.

[6]

Ein hübscheingerichtetes, helles, gleichsam von
Wohlanständigkeit duftendes bürgerliches Zimmer.
Der Geschmack ist immerhin vorwiegend
kleinstädtisch.

Felix, ein zaghafter und zugleich unbewußt Gieriger,
und seine Tante, die ganz in Gediegenheit
gebadet, außerdem noch von der Elfuhrvormittagssonne
beschienen, fraulich-würdevoll in einem sich
gleichsam über eine so stattliche Last still freuenden
Lehnsessel sitzt.

Tante: Und du kommst weswegen? Sprich dich lauter und unvoreingenommen aus. Ich liebe neffenhafte Schüchternheiten nicht.

Felix: So werde ich mich also dir zuliebe der Offenheit befleißen und lege folgendes freimütiges Geständnis ab. Mich schickt mein Vater zu dir.

Tante: Nicht auch die Mutter?

Felix: Nein. Sie wird immer schweigsamer.

Tante: Warum das?

Felix: Warum fragst du? Du weißt es ja: Sie ist krank.

Tante: Sie ist leider immer sehr hochmütig gewesen.

Felix: Du, Tante, bist leider meiner Mutter gegenüber immer sehr lieblos gewesen. Du fordertest mich zur offenen Aussprache auf, hier das Ergebnis deines Befehles.

Tante: Fahre weiter.

Felix: Mein Vater fand für richtig, mich zu dir zu senden, um dir zu deinem Geburtstag Glück zu wünschen.

Tante: Sage mir einmal, und entschuldige, daß ich dich unterbreche, was verstehst du unter Glück.

Felix: Gesundheit und ein möglichst langes angenehmes Leben.

Tante: Und eine passende Tätigkeit dazu.

Felix: Ja.

Tante: Du brauchst nicht zu bestätigen, was ich sage. Solche Rolle, solches gutheißendes Kopfnicken kommt eher mir zu.

Felix: Du wirst mir meine Unvorsichtigkeit nicht allzu-
lang nachtragen.

Tante: Das wäre denkbar unangebracht. Und nun?

Felix: Steh ich vor dir, und ich darf dir wohl gestehen,
daß du einen verhältnismäßig guten Eindruck auf mich
machst.

Tante: Ich gönne dir ihn.

Felix: Du hast schönere Möbel, als wir sie daheim haben.

Tante: Mißgönnst du mir die bessere Einrichtung?

Felix: Ich würde mich geringschätzen, wenn ich das täte.

Tante: Du antwortest so, wie's mir gefällt *(gibt ihm einen
Taler, den sie mit sichtlicher Bedeutsamkeit ihrem Ridikül
entnimmt)*. Dein Vater hat dich zu mir geschickt, damit
du einen Taler von mir ausgehändigt bekämst. Ist es so?

Felix: Nicht ganz. Mein Vater ist in meinen Augen ein
sehr taktvoller Mensch.

Tante: Ein Sohn sollte zu viel Achtung vor seinem Vater
haben, als nur so selbstsicher und wohlwollend von ihm
zu reden. Aber du dankst mir ja gar nicht dafür, daß ich
heute fünfundsechzig Jahre geworden bin und dir bei
diesem Anlaß ein Geschenk gemacht habe.

Felix: Ich tu es sehr ungern. Ich besitze eine Eigenschaft,
die man Stolz nennt.

Tante: Dann lasse es. Ich will annehmen, du habest es
schon getan oder werdest es im stillen tun. Ich erscheine
dir ein bißchen gemessen?

Felix: Zu meiner Annehmlichkeit ja. Du hältst etwas
auf dich. Man fühlt sich bei dir sicher. Ich gehe jetzt
wieder. Unten vor dem Hause bin ich nämlich sehnlichst
erwartet. Es steht da einer, dessen Gesellschaft mir so
kostbar ist, daß ich jede Minute beklage, die ich nicht
darin zubringen kann.

Tante: Worin? Was?

Felix: In seiner Gesellschaft.

Tante: Es wird ein Kamerad sein. *(Sie bleibt sitzen und läßt sich abschiedlich von Felix begrüßen, der wegeilt.)*

[7]

Vor einem Papierwarengeschäft.

Hans: (schaut ins Schaufenster)

Felix (ihn musternd, einige Schritte von ihm entfernt): Ich muß mich vor meinem Annäherungsbedürfnis in acht nehmen. Ich bevorzuge ihn seit einiger Zeit innerlich. Er könnte das merken. Wie ihn das stärken würde. Die Vorstellung davon macht mich ganz zum Lehrer mir gegenüber, der mir mit der Miene der Ungehaltenheit Vorwürfe macht. Wie er in Betrachtung dasteht, grad als bespiegelte er sich. Warum kommt er mir so hübsch vor? Weil er eitel ist? Ist er das? Kein einziger Kamerad geht mit ihm, keiner liebt ihn, er scheint das gar nicht mal zu merken. Liebt er sich selbst und genügt ihm das? Schätzt er sich so hoch ein, daß er mit dem Umgang, den er sich selbst darbietet, zufrieden sein kann? Wie harmlos er mir den Rücken kehrt. Wie ihn sein Sinnen kleidet. Nur ein Verwöhnter vermag so ruhig zu sein. Seine Ruhe macht mich unruhig, ihn so in Übereinstimmung mit sich zu sehen, verstimmt mich mit mir. Er scheint sich in keiner Art vereinsamt zu fühlen, obwohl er es ist. Warum sieht er so zart aus und zu gleicher Zeit in sich so geborgen, und warum nimmt ihn nicht wunder, was neben und hinter ihm vorgeht? Er hat etwas an sich wie gute Erziehung, aber es ist wahrscheinlich noch viel mehr, es ist ihm angeboren, daß er nicht neugieriger zu sein braucht, als sich mit der Schönheit verträgt. Vielleicht hat er wenig Eigenschaften, vielleicht hat er nur eine einzige, aber diese macht ihn reich. Ich verarme ganz beim Anblick dieser Reichlichkeit und ziehe darum vor, mich zu entfernen. Ich will lieber nichts zu ihm sagen, es klänge zu artig, dann geschähe es, daß er lächelte, ich gönne ihm dieses Glück nicht, obwohl ich ihm furchtbar gern Grund gäbe, glücklich zu sein. Klugheit, wie boshaft bist du. *(geht)*

Hans (in einer Täuschung): Geh nur zu denen, die mir fremd sind.

[8]

In der Religionsstunde.

Der Pfarrer: Eh ich mich diesmal von euch verabschiede, will ich euch noch eröffnen, daß unserem Vaterland aus einem ungeahnten Anlaß Gefahr droht. Ein Angehöriger unseres Nachbarreiches hat sich auf unserem Boden ungehörig aufgeführt und wurde zur Rede gestellt, um daraufhin des Landes verwiesen zu werden. Der leitende Mann des an unser Land angrenzenden Reiches, ein Staatsmann hohen Rufes, hat [an] unsere oberste Behörde in dem Impulse der Beleidigtheit eine rechtfertigungheischende Adresse gerichtet, die nicht unbeantwortet bleiben kann; denn jedes Landes Vertretung muß an ihrem Gewicht festhalten, was so viel heißt, als die Wahrung der Interessen, was euch einleuchten wird. Es sind Stimmen laut geworden, die bereits auch zu uns gedrungen sind und die von einer Aussicht sprechen, die die unerfreulichste ist, die friedliche Menschen sich den-

ken können. Möge Gott unser kleines Land vor Kriegs-
ausbruch gnädig bewahren. Die Stunde sei hiemit abge-
schlossen.

Die Schüler erschauern vor jenem sie sehr ernst
anschauenden Ungesichthaften. Es ist das verhüllte
Antlitz der Furien. Sie flüstern.
Die Schulstube wird diesmal nicht mit der
täglich gewohnten Beweglichkeit verlassen. Ihnen
kommt der Gedanke: wenn all die
Geschichtsereignisse, von denen sie in der
Geschichtsstunde so oft den Lehrer reden gehört haben,
zu Wirklichkeit würden. Es ist allen
eigentümlich zumut. Keiner sagt ein Wort.
Sie sind benommen, verdutzt.

[9]

Chalet der Frau Zierlich. Sie ist übrigens
Großrätin. Macht das etwas? Wir fürchten,
das macht heutzutage keinen überwältigenden
Effekt mehr.

Felix und der Sohn der Großrätin essen Backwerk.
Frau Zierlich (in der Haustüre erscheinend): So seid ihr also
wieder vereinigt. Hoffentlich verzankt ihr euch nicht so
bald wieder.
Felix: Fast bedaure ich den Friedenszustand, obwohl ich
mich an ihm freue. Ich glaube, daß ich mich schon ein
bißchen langweile. Es gibt doch nichts Spannenderes als
Krieg.
Frau Zierlich: Was gab dir Ursache, ihn zu bekämpfen,
die ganze Klasse gegen ihn aufzuwiegeln?

Felix: Ehe ich Ihnen das sagen kann, muß ich mein Lachen unterdrücken.

Frau Zierlich: Du solltest dir am schönen Wetter ein Beispiel nehmen und ebenso höflich zu sein versuchen wie es.

Felix: Ich bitte tausendmal um Verzeihung.

Frau Zierlich: Wenn du's einmal tust, genügt's.

Felix: Ich fing also Heinrich an zu hassen, weil er so unverschämte hohe Schuhe trägt und weil ihm seine Beinkleider so gut passen.

Frau Zierlich: Beleidigte dich sein gutes Aussehen?

Felix: Ich fand etwas Muttersöhnchenhaftes daran.

Frau Zierlich: Das wagst du mir zu sagen, seiner Mutter?

Felix: Und er war immer viel zu gut aufgelegt. Seine beständige Vergnügtheit erregte rebellische Gedanken in mir. Eine Lust, ein Bedürfnis überkamen mich, ihm das Leben sauer zu machen. Er besaß zu viel Vertrauen zu mir, hielt sich einfach so mir nichts, dir nichts für meinen Liebling. Er war's gewissermaßen auch. Ich könnte darauf sogar einen Schwur ablegen. Aber weil er's war, durfte er's nicht bleiben. Tatsachen sind hauptsächlich dazu da, daß man sie leugnet. Wirkliches wirkt leicht aufdringlich.

Frau Zierlich: Ich ersuche dich allen Ernstes, Heinrich nicht zum Gegenstand deines Übermutes zu machen. Du scheinst mir leider etwas geistreich. Aber du solltest auch wissen, daß wir unsern Geist zu zügeln haben. Sei bitte in Zukunft friedlich, willst du?

Felix: Wenn man uns vielleicht noch mehr Backwerk gibt.

Frau Zierlich: Im Interesse eines so angenehmen Tages, der mir die Erringung neuer Freundschaft zwischen Heinrich und dir zu gewährleisten scheint, geh ich gern auf die Bedingung ein, auch wenn ich sie dreist finde. *(geht ins Haus)*

Heinrich: Ich glaube, Mama hat Respekt vor dir.

Felix: Den muß sie ja auch vor einem so Nachgiebigen notwendig haben.

Heinrich: Darf ich dir nun trauen?

Felix: Das mußt du darauf ankommen lassen. Du mußt mir stets ein wenig mißtrauen.

Heinrich: Das schmeichelt dir?

Felix: Komm, laß uns über die Matte gehen. Es wird sich ausgezeichnet ausnehmen, wenn deine Mutter sieht, daß wir nicht auf die Erfüllung unserer Bitte zu warten für schicklich fanden. Man muß immer zeigen, daß man Güte und Entgegenkommen entbehren kann. Wollen wir eine Hütte bauen gehen?

Heinrich: Gut, tun wir das.

[10]

Felix (auf einem Baum): Steige doch auch herauf, es ist herrlich hier oben, du glaubst nicht, wie erhaben es einem hier zumut ist. Ich verstehe jetzt die Freibeuter, Flibustiere, von denen mir die Geschichten erzählten. Mir ist, ich sei im Dickicht eines Urwaldes. Korsarenseelen – halt, ich muß mich zuerst besinnen, eh ich in der Höhenfeuerrede fortfahren kann. Alle Anfänge sind immer sehr kühn, man muß aber bei einem Beginnen bereits die Fortsetzungen ins Auge gefaßt haben. Lord Byron, Mazeppa. Wie ich diesen Polen um seiner erlebten Abenteuer willen mild und doch wieder beinah ungestüm beneide. So mitten unter Kosaken zu kommen, halbtot, mit schneeweiß schimmerndem, wundengeschmücktem Körper, und von einer Hetmanstochter dann verbunden und bewundert zu werden. Entzückendes Schicksal. Ihr Mitleid, seine Fieberphantasien, und die Hütte, worin er still liegt, das Bett und die weite gelbliche Steppe, die zuschauenden Gesichter und der Tee, oder was es sonst sein mag, was er schlürft, und das Gelispel: «er schläft», die zarte Achtung dieser derben, fremden Menschen, das alles vernehmende Ohr, das schlafende Wachsein, dies denkende Nichtsdenken. Bemüh dich doch. Alle schönen und ereignisreichen Erzählungen umwittern und umflattern mich fähnchenhaft, wie einen Indier, der hoch oben in eines siebenhundertgemächrigen Palastes höchstgelegenen Gemach bei den Küssen dieser Windlein lebt. Du hörst mich träumen, du hörst mich glücklich sein. Ich höre das Meer, bin der begeisterte Kapitän eines munter dahinfliegenden Schiffes, meine Matrosen lassen an Pflichteifer und blitzschneller Erfüllung ihrer Pflicht nicht das geringste zu wünschen übrig. Die Korallenküsten lachen mich aus blauumflorter Ferne wie fremdartig-schöne Frauen an, und du hast immer noch nicht viel oder gar keine Lust, zu mir zu klettern und der Freund und Genosse meiner duftend feinen und überaus artigen Zustände zu sein. O wie ich dich von hoch oben herab ästeartig und zweigefein beklage. Wenn es jetzt Nacht wäre und eine Zauberfrau verwandelte mich in eine ziselierend-glitzernd, zickzackig singende, von einer Tonentzückung in die andere stürzende Nachtigall, und Kinder lauschten mir aus den Stuben, in denen sie vielleicht schon im Bettchen liegen, und worin sie vielleicht gebetet haben. Ich schaue von hier in den Saal einer

Kapelle, und es zeigt sich jetzt in geringer Entfernung eine von gesticktem Morgenkleid umsorgfältelte Dame am Fenster des Hauses, das ihr eigenes zu sein scheint, denn sie sieht sehr hausbesitzerlich aus. Eine gewisse Eigenwilligkeit schaut aus jeder ihrer gedämpften Bewegungen, und alle Nachbarbäume wünschen, ich hätte einen jeden von ihnen mit meinem fröhlichen Besuch unvermittelt geehrt.

Die Frau, welche Eigentümerin des Baumes ist: Was muß ich zu meinem Schrecken erblicken?

Rudolf: So, nun hast du's.

Die angstvolle Frau: O, meine armen Bäume. Wart, ich will dich bei deinen armen geplagten Eltern anklagen.

Felix: Wieso arm?

Die Frau: Weil sie solchen Schlingel, wie du bist, ihr eigen nennen.

Felix: Ich bitte um etwas schonendere Titel. Ich kommandiere eine Fregatte. Sehen Sie denn nicht, daß ich Indianerhäuptling bin?

Die Frau, die das nicht verstehen will,
befiehlt ihm schrill, von der erklommenen Höhe
und Befehlshaberkabine in die Realität
der Centralstraße hinunterzusteigen.

[11]

Felix mit verbranntem Gesicht im Bett.

Der Arzt: Wie ist denn das zugegangen?

Felix: Ich und er ...

Der Arzt: Wer: «er»?

Felix: Hegi.

Der Arzt: Das mußt du sagen, wenn man dich um genauen Bericht bittet.

Felix: Hegi und ich hatten einen Frosch.

Der Arzt: Was ist darunter zu verstehen? Drück dich allgemeinverständlich und nicht so [darüber stehend: zu] fachgemäß aus.

Felix: Ein Frosch bedeutet ein Feuerwerk. Dieses wollten wir anzünden.

Der Arzt: Ihr wolltet nur?

Felix: Zuerst haben wir's nur bezweckt. Wir spielten eine Zeitlang mit dem bloßen Gedanken. Alsdann schritten wir zur Ausführung. Es kam zur Tat, und dann schoß mir die ganze Ladung ins Gesicht. Leider griff ich mit den Händen an die Verletzung.

Der Arzt: Das hättest du nicht tun sollen.

Felix: Es geschah jedoch.

Der Arzt: Mithin ist es also geschehen.

Felix: Ohne jeden leisesten Zweifel. Mein Gesicht liefert den unumstößlichen Beweis. Ich bin stolz auf das Abenteuer.

Der Arzt: Das dir dein Auge hätte kosten können.

Felix: Also lief es gut ab.

Der Arzt: Du mußt dich jetzt ruhig verhalten. Das ist die Strafe für die Feuerei.

Felix: Ich liege zum ersten Mal in meinem Leben, das allerdings noch ein junges und darum geringes ist, krank im Bett. Das hat für mich etwas Scharmantes. Ich kann mich da nicht deutlich ausdrücken.

Der Arzt: Du fühlst dich offenbar durch meinen Besuch sehr beehrt.

Felix: Ja, es hat so was Feines, wenn man krank ist. Man wird achtungsvoll behandelt. Gedankenvoll schaut man einen an. Ein Erkrankter ist der Gegenstand erhöhter Aufmerksamkeit. Das muß einem doch schmeicheln.

Der Arzt: So lange du so fröhliche Worte findest, ist es keine ernsthafte Krankheit, und die Besorgnisse sind nicht allzu gewaltig. Du brauchst dir nicht so viel darauf einzubilden.

Felix: Ich wollte bloß auch etwas sagen.

Der Arzt: In acht Tagen wirst du geheilt sein.

[12]

Felix hilft seiner Mutter in der Küche.

Felix (schweizergeschichtlich gestimmt): Da hatten sie also schon nach allen Richtungen große Erfolge erzielt gehabt, was zur Folge haben mochte, daß sie ihrer Kraft dann und wann ein fast zu großes Vertrauen schenkten. Es war im fünfzehnten Jahrhundert, und ich bedauere, die Draperien und die Farben dieser so rührigen Epoche nicht persönlich mitgelebt zu haben.

Die Mutter: Du dünkst dich ein Held.

Felix: Man kann sich sehr gut etwas Schönes und Großes vorstellen und braucht dabei nicht behindert zu sein, Geschirr abzuwaschen. Wir leben eben in feineren, sanfteren Zeiten. Unsere Obliegenheiten sind von anderer Art geworden. Als sie nun so auf der Höhe ihres Ruhmes standen, den sie mit scheinbar durchaus redlichen Mitteln, das heißt mit Anspannung aller ihrer Lebensmunterkeiten, herbeiführten, stellten sich bald da, bald dort Gegner von so großer Überzahl ein, daß sie sich darüber, wenn sie Zeit dazu gefunden hätten, gewundert haben würden. Es geschah einmal, daß sie umzingelt, totalgeschwächt, sonderbarerweise doch nicht besiegt wurden, das heißt sie wurden besiegt und blieben dennoch Sieger, was vielleicht die schönste Art ist, in der Brust des Feindes einen mächtigen Eindruck zu hinterlassen. Bald nachdem sie hatten büßen müssen, außerordentlich unerschrocken gewesen zu sein, erklommen sie mit Hilfe der denkbar umsichtigsten Anführung eine Art Gipfel der Macht, von welchem das Geschick sie herabzusteigen hieß, indem ihnen zu Bewußtsein geführt wurde, wie sehr es ihnen an wichtigen Ausrüstungsgegenständen und Hilfsmitteln fehlte, womit die Verkleinerer ihres Ansehens reichlich ausgestattet waren. So zogen sie denn mit ihren Verwundungen verbrämt und mit den Diplomen einer tragischen Bemühung versehen von den Anhöhen, ja man kann sagen, Bergen ihrer Auszeichnungen langsamen bedächtigen Schrittes in die Ebene ihrer ihnen richtigscheinenden Einordnung herab und gaben sich mit Erhaltung ihrer Art und mit ehrlich erkämpfter, andererseits ihnen auferlegter Bescheidenheit zufrieden.

Die Mutter: Nun sind mir mit dem Lauschen auf deine Worte die Nudeln verbrannt.

Felix: Da wird es zu Mittag Gesichter geben.

Die Mutter: Es wäre vielleicht besser, du liebtest deine Geschichte weniger.

Felix: Aber sie ist so herrlich. Wenn ich mich in die Geschichte versetze mit all ihren vorbildhaften Gestalten, fühle ich mich so daseinslustig.

Die Mutter: Man kann auch zu gesund sein, sich unter Umständen auch zu kräftig fühlen.

Felix: Man übt sich unwillkürlich und ergeht sich instinktiv darin, worin man Talent hat.

Die Mutter: Du weißt's leider immer besser als deine Mutter. Vielleicht leidest du noch einmal darunter.

Felix: Wünschest du mir das?

Die Mutter: Du bist ein Luxusbürschchen. Solchen macht man zu schaffen.

Felix: Meinetwegen, nur um so unterhaltender.

Die Mutter: Du denkst an die Bücher, aber nie an mich. Es werden sich einmal viele Leute über deinen Beziehungsreichtum zu dir beklagen. Man wird dich schelten, sie werden mit Fingern auf dich zeigen und sagen: Seht den Gemütlosen!

Felix: Wenn einem nichts gleichgültig ist, scheint es, als wär einem alles gleichgültig.

Die Mutter: Schade um die guten Nudeln. Ich fürchte mich nun.

Felix: Wie leidet die Empfindliche unter dem kleinen Fehler. Es kommt bei allem nur darauf an, ob wir's empfinden. *(laut)* Ich bin doch schuld daran. Du kannst es ihnen ja sagen.

Die Mutter: Diese Bemerkung freut mich. Nun bin ich ruhiger.

[13]

Felix kommt barfuß, also ohne Strümpfe und Schuhe, ins «schöne Zimmer». So wird gewissermaßen in der Kleinstadt das bezeichnet, was man in der Hauptstadt «Salon» nennt.

Der ältere Bruder: Könntest du dich nicht ein wenig mehr in acht nehmen?

Felix: Wie meinst du das?

Der ältere Bruder: Ich bin nicht auf so vollkommene Übermütigkeit gestimmt, wie du sie mir zuzumuten scheinst. Seit wann bewegt man sich in einem Hause so ungezwungen? Ein älterer Bruder muß vom jüngeren nicht absolut ohne jede Achtung behandelt sein. Ich sollte dir das nicht erst noch vors Bewußtsein zu führen haben. Du solltest es wissen.

Felix: Im Grund hast du recht.

Der ältere Bruder: Dann hast du mich einfach gegen dich aufbringen wollen, vielleicht aus Langeweile und weil du mich in formeller Hinsicht pünktlich weißt. Zugegeben, ich sei zu pünktlich, möchte ich dich doch schon allgemein an die Notwendigkeit erinnern, zu versuchen, sich einigermaßen zu benehmen.

Felix: Ich hielt es für apart, mich dir einmal in nackten Füßen zu präsentieren. Es hat so etwas Betteljungenhaftes, so was Neapolitanisches.

Der ältere Bruder: Ich vermag Ungezogenheiten nicht zu würdigen.

Felix kommt in Verstimmung, weil er den älteren Bruder verstimmt hat, und zieht sich behutsam zurück.
Das Schlachtfeld wird von jemand behauptet,
dem's lieber wäre, er hätte nicht so zu
demonstrieren für nötig halten müssen. Oft hat
ein Sieger härter mit sich zu kämpfen
als ein Davongejagter.

[14]

Adelbert in der Küche. Felix kommt
zaudernd herein.

Felix: Was mich dieses zaudernde Vorrücken an Überwindung in der stolzen Bruderseele kostet, bist du wohl kaum entschlossen, richtig einzuschätzen. Dein Gesicht drückt keineswegs die nötige Energie aus, mich und was ich hier beginne auch nur fingerdick oder -hoch zu würdigen, und so soll denn diese Küche Zeuge einer der kühnsten, unerschrockensten und wohl auch waghalsigsten Handlungen werden, die sich je ein Mensch abgerungen haben mag. Noch mache ich Umschweife, denn es schickt sich ja gewissermaßen, um den heißen Brei herumzulaufen. Wie du mich träg, impertinent anschaust, aber das Gesicht, das du da machst, ist nicht das wahre, es ist ein aufgesetztes, und es kann wohl möglich sein, daß du bebest, wo du jetzt vor mir, dem Ankömmling, den Kaltablehnenden spielst oder doch den in jeder Beziehung Gefaßten. Nein, du bist nicht gefaßt gewesen, daß ich jetzt Anfragen an dich richten würde, und so sehr du Miene machst, als erstaunest du nicht, so bist du nun doch von Erstaunen zugleich gesättigt. Schau mich aus Deinen großgeöffneten Augen scheinbar ruhig an. Du bist nicht ruhig, denn dich freute meine Ankunft zu sehr, ich weiß, wie sehr du dich jetzt freust, obschon ich ebenso gut weiß, daß du es vorläufig noch ablehnst, Bescheid über dich selbst zu wissen. Wir gingen zwei lange Monate an uns vorüber, ohne uns die Beachtung zu widmen, die wir uns gegeben hätten, wenn wir uns nicht verfeindet gewesen wären. Wenn du aber denkst, daß mir diese Entzweiung absolut unerträglich geworden sei, so würdest du dich einem sehr bedeutenden Irrtum hingeben. Ich hätte unsere Unfreundlichkeit so lange zu dulden vermögen wie du, und es wird dir niemals gelingen, mich glauben zu machen, daß nicht du so gut wie ich darunter gelitten hättest. Du leidest in dieser Minute mehr als ich, denn du stehst unerhört trotzig da, und dieser großartig zur Schau getragene Trotz ist doch nichts als nur eine arme Lüge, deren Umfang offen zutag tritt. Und wenn du mit deiner Miene dir unglaublich große Mühe gibst, mich um meines Vorgehens willen mit einer Verachtung zu behängen, die mich übel kleiden soll, so kämpfst du dabei einen viel zu harten Kampf mit deiner Brust, die voll fröhlicher Freundschaft zu mir ist, die [du] dir aber bloß angewöhnt hast, dir zu verbieten. Ich zittere, und erzittertest wirklich nicht auch du? Müssen nicht die Unverzeihenden vor ihren Verzeihern zittern? Ich bin aber natürlich nicht hier angelangt, wo du vielleicht zu gewissen Zwecken eben in den Brotschrank schautest, um dir [zu] verzeihen, das wäre nicht die richtige Haltung, sondern ich kam hier an, um mir allen Ernstes deine, deine Verzeihung zu erbitten, die du mir gewiß im Geiste längst gegeben hast, da du dich ja nach unbefangenem Umgange mit mir sehntest. Freilich weiß ich meinerseits, wie erniedrigt ein um Frieden Bittender dasteht, mir ist es aber nicht niedrig, sondern hoch ums Herz, etwas wie eine Alpenpracht der Empfindung herrscht zündend darin vor, und auch in dir muß es jetzt notwendig leuchten, und du kannst mir dieses Schöne ja meinetwegen verdanken, obwohl ich fühle und sehe, wie schwer es dir ist, auch nur spärlich deinen verschlossenen Mund zu öffnen. Mir ist, als hätte ich dich seit langer Zeit nicht zu Gesicht bekommen, wärst mir entschwunden gewesen, und sähe dich heute zum ersten Mal nach dieser langen Zeit des mir Entschwundenseins wieder. Und doch schauten wir uns jeden Tag an, aber wie? Jedenfalls nicht so, daß es uns freute.

Adelbert: Heute freut es mich, dich anzuschaun.

Felix: Endlich.

Adelbert: Was?

Felix: Ein Wort.

Adelbert: Das Wort hat mich soviel Verzichtleistung auf einen mir schon beinahe liebgewordenen Groll gekostet, wie du's kaum je begreifen wirst.

Felix: Ich begreife es aber ganz gut.

Adelbert: Überlasse mich jetzt bitte eine Weile mir.

Felix: Gut.

Adelbert: Es wird mir wahrscheinlich gelingen, dich und deinen Gang bis hierher zu mir im Licht der Richtigkeit zu erblicken.

Felix: Du bist mit mir versöhnt, du willst dich jetzt eine Zeitlang im stillen darüber freuen.

Adelbert: Was ich dir noch nicht recht gönne ...

Felix: Was? Du gönnst mir immer noch etwas nicht?

Adelbert: [...] ist, daß du solchen in Liebe gebadeten Mut fandest. Ich hätte dich doch [nie] so großherzig gedacht.

Felix: Du lobst mich, weil du glücklich bist. *(geht ab)*

Adelbert: Warum hab ich mir noch Bedenkzeit auserbeten? Hab ich etwas zu bedenken? *(er ruft:)* Felix!

Felix: Du bist also schon bereit, mich in die Wohnstuben deiner wiedergeborenen oder vielleicht teilweise überhaupt frisch aufgesprungenen Zuneigung einzulassen?

Adelbert: Ich erkläre, daß es langweilig gewesen ist, dein Feind zu sein.

Felix: Dann wäre also das Achten belebender als das Mißachten.

Adelbert: Reden wir nun nicht mehr darüber.

Felix und ein Student aus Bern, der in den
Ferien ist, auf einer Anhöhe.
Felsige Romantik, Eichenbäume.

Der Student aus Bern: Dieser Shakespeare, der für uns
einen so seltsamen Namen hat, erblickte sein Lebenslicht
zu Stratford am Avon.

Felix: Ich las das bereits irgendwo und -wann.

Der Student: Man sagt, daß er zuerst Schreiber gewesen
sei und auf einer Advokatur arbeitete, wonach er nach
London übersiedelte, um seinen Lebensunterhalt mit
Verfassen von Dramen zu gewinnen, was ihm auch voll-
auf gelang. Es wird erzählt, er habe sich zum Häuser-
besitzer aufgeschwungen. Auch trat er in den eigenen
Theaterstücken als Schauspieler auf. Die Sage berichtet,
er habe sich in irgend etwas vergangen und habe gerade
in dem Moment gefangen genommen werden sollen, als
er auf der Bühne vor dichtbesetztem Hause spielte. Die
Königin war anwesend, umringt von ihren Damen und
Kavalieren. Sie hatte eben dem Dichter und Akteur zum
Zeichen ihres Beifalls und ihrer günstigen Gesinnung ein
Blumenbouquet zugeworfen, und zwar höchst wahrscheinlich eigenhändig, als die Häscher vor aller Augen
auftauchten, um den Autor festzunehmen, was aber auf
einen Wink der Herrscherin unterblieb. Shakespeare trat
an die Rampe, beugte vor seiner Beschützerin ein Knie
und spielte hierauf getrost und munter weiter.

Felix: Wie viele Schauspiele hat er gedichtet?

Der Student: Gegen dreißig bis vierzig, genau vermag ich
es dir nicht anzugeben. Jedenfalls stellte er eine erstaun-
liche Dichterkraft dar. Er war auf literarischem Gebiet

ein selten dagewesener kräftiger Erzeuger. Seine zahlreichen Kinder leben noch heute, indem man sie immer wieder mit Lust und auch Erfolg aufführt.

Felix: Sind sie denn so schön, daß man zu ihrer Aufführung immer wieder den Mut findet?

Der Student: Sie sind voll lebenswahrer Gestalten. So zum Beispiel vermag man sich den Julius Cäsar gar nicht anders vorzustellen, als wie er ihn uns zeigt. Einem Prinzen sollten die Augen ausgestochen werden. Einen Vater verrieten zwei seiner Töchter, weil es sie langweilte, daß er sie für gut und brav hielt. Die dritte, die er mißverstanden hatte und von sich stieß, ehrte ihn in einem fort hoch und mußte um dieser Gefühlsschönheit willen sterben, und der arme sich selber Verkennende herzte im Wahnsinn, der über ihn fiel, weil seine Vernunft sein Leiden nicht mehr ertragen konnte, ihren Leichnam.

Felix: Wie schön und wie schrecklich.

Der Student: Kunst bedeutet, daß der ganze Ernst der Menschennatur durch den Geschmack gemildert und von schönen Melodien umklungen auftrete, daß uns das Böse zuletzt auch noch mit seinem Erscheinen, in allem, was es bedeutet, versöhne. Shakespeare hat zahlreiche Bösewichter von hoher Eigenart geschaffen. Er schuf auch einen Eifersüchtigen, der es sich angelegen sein ließ und durchaus bewerkstelligt haben wollte, daß er seine Frau im Bett totstach.

Felix: So etwas muß wunderbar wirken auf der Bühne.

Der Student: Das tut es. Ein Heerführer, der große Ideen nährt, mißt sich mit einer der obersten Persönlichkeiten des Reiches und fällt, und sein Sinken ist etwas Gewaltiges, und ein Geschwisterpaar findet sich wieder auf die märchenhafteste Weise, und dann streut er in jedes Stück noch so viele Nebenpersonen, wie schaulustige unterhaltungsbedürftige Zuschauer wünschen können, und daß die Gestalten, wollte man sie nebeneinander aufstellen, einen langen, langen Zug voll farbigster Kostümierung ergäben, einem reichen Bande gleich, einer Schärpe.

Felix: Es ist eine Freude, dir zuzuhören. Man merkt, daß du aus Bern kommst, aus wissensdurstigen Kreisen.

Der Student: Einen so dankbaren, fast möchte ich sagen, andächtigen Zuhörer zu haben wie dich, macht das Reden zum Vergnügen.

Felix: Wir befriedigen uns also dann beide.

Der Student: Ja, und so kann es überall sein, wo Menschen sich in ihrer richtigen Lage befinden. Es kommt aufs gesunde Verhalten an.

Felix: Indem du mir einen Dienst leistetest, dientest du dir selber.

Der Student: Ich war begeistert und teilte dir meine Begeisterung mit.

Felix: O, wenn wir immer einen begeisternden Gegenstand fänden. Was ist man doch den Hohen schuldig, die sich an Holdes und Schwieriges wagten.

Der Student: Wir wollen noch ein wenig turnen.

[16]

Brief des Studenten an Felix.

Du ließest mich bei meinen Besuchen, die ich der Familie abstattete, einen Blick in Deine Dachkammer sowohl wie in Deine ehrliche Liebe zu den Büchern werfen. Ich glaube aber deshalb noch lang nicht an eine zukünftige Bücherwurmigkeit bei Dir. Wir wateten beide tief durch lange und angenehme Gespräche. Ihr Inhalt wird mir in Erinnerung bleiben. Neben dem Studium übe ich mich zeitweilig am Reck, das sich in dem Garten befindet, der zu dem Hause gehört, worin ich wohne. Sei so freundlich und beglücke mich einmal mit Deinem Besuch. Die Eisenbahnfahrt kostet ja nicht so viel Geld. Versuche Dich mit Taschengeld zu versehen *(beim Lesen dieses Satzes dachte Felix an die gesammelten Werke von Voltaire).* Die Klassiker, die du angehäuft hast, scheinen von Dir nicht bloß gekauft worden zu sein, sondern auch benutzt zu werden. Lesen ist durchaus nicht so überflüssig, wie gewisse Menschen glauben, lasse Dich besonders von Papa nicht einschüchtern. Er meint es natürlich gut mit Dir, und wenn er Dir anrät, keinen Umgang mit Geistigkeiten zu pflegen, so ist es Deine Pflicht, ihn zu verstehen, zu befolgen brauchst Du seinen Rat deswegen durchaus nicht. In seiner Gutherzigkeit fürchtet er sich vor allerhand Möglichkeiten, zum Beispiel davor, daß seine Söhne nicht genügend prosperierten. Er hält das Verweilen bei der schönen Literatur für eine ledigliche Zerstreuung, für etwas von vielem Dienlichen Ablenkendes, während es sich dabei einfach um Ausbildung und durchaus nicht um Zersplitterung handelt. Mich freuten Deine dachstübligen feinen Freuden, und wenn Du Zeit und Lust hast ans Pult zu treten, das ich Dir zum Gebrauch überließ, so richte ein Schreiben an mich. Ich versichere Dich, daß mir jede schriftliche Äußerung von Dir willkommen ist. Den Ausblick vom Pavillon über den Seespiegel finde ich so herrlich wie wahrscheinlich auch Du. Bleibe liebevoll und zugleich verständig und glaube nicht, daß ich dies nur zu Dir sage. Der, der etwas zum Ausdruck bringt, was ihm als richtig oder als wich-

tig vorschwebt, richtet's vor allem auch an sich selbst.
Du und ich befinden uns jetzt in einem Alter, wo das
Geduldhaben manchmal zur Qual wird. Viele Grüße.

[17]

Felix auf dem Estrich.

*Felix (im Selbstgespräch mit einer Gesamtausgabe von Vol-
taire):* Ohne Zweifel bist du geistreich, aber die feine
Sprache, die du führst, die großen Gedanken, denen du
Ausdruck verliehen hast, sollen mich kalt lassen. Ich will
den Gleichgültigen gegenüber allen deinen hohen Vor-
zügen spielen. Du erlaubst mir doch das. Sieh, ich habe
kein Taschengeld, möchte so gern welches haben, und
du liegst da so vereinsamt herum, so vernachlässigt, so
ganz und gar ungebraucht. Du solltest doch zu etwas
dienen, du. Wie viele Bände zählst du? Ein Band gleicht
dem anderen. Das sieht wie eine Abteilung Soldaten aus.
Ich bin überzeugt, daß du lesenswert bist, aber ich bin
noch überzeugter davon, daß es mir wünschenswert
erscheint, dich in die Untergasse zum Antiquar zu tragen,
um dich zu veräußern. Ich bitte dich herzlich, mir die
Kulturlosigkeit, deren ich mich hier schuldig mache, zu
verzeihen. Ich will dich in deiner Gesammeltheit und
Vollständigkeit unter den Arm nehmen und mich mit
dir zum Haus hinausschleichen. Die Mutter sitzt mit
Fräulein Pflüger, der Gouvernante, die in Rumänien
zahllose Abenteuer erlebte, beim Tee, und der Vater ist
auf Gängen durch die Stadt begriffen. [gestrichen: Die
Gelegenheit ist günstig,] der Moment kostbar. Ich will
die über und über vergoldete, sich so günstig vielleicht

lange nicht wieder zeigende Gelegenheit ausnützen. *(er geht mit seiner Beute)*

[18]

Am Familienmittagstisch. Der fremde Professor.

Der Professor: Sie können über eine so zahlreiche Nachkommenschaft froh sein.

Der Vater: Bis aber jedes der Kinder etwas gelernt hat, das Studium der beiden hier, Sie werden sich denken können, was das für ein Geld kostet. Greifen Sie zu. Dafür ist das Essen da.

Die Mutter: Aber Vater, du drängst ja den Herrn Professor, als wär er hiesig. Du bedenkst nicht, was sich schickt.

Der Professor: Es ist von Ihrem Mann außerordentlich liebenswürdig.

Arnold: Die materiellen Interessen unterordnen sich, wenn es sein muß, auch gegen ihr sogenanntes Gut-[be]finden den geistigen.

Der Vater: Sogenanntes? Erlaube mir dir zu sagen ...

Der Professor: Ich bin von Ihrem Sohn überzeugt, daß er es auf gelehrter Bahn weit bringen wird. Seine Erwägungen sind schon heute von der wünschenswerten Tiefe.

Der Vater: Der Kalbsbraten wünscht ergebenst, daß man ihn genießt.

Die Mutter: Was du doch allweil auf das Essen hältst. Du meinst, andere nähmen das so wichtig wie du.

Der Professor: Ihr Gatte ist bewundernswert, aber ich zweifle nicht, daß es ihm seine Söhne lohnen werden, was er ihnen um diese Zeit opfert.

Der Vater: Die Sorgen.

Die Mutter: Schweig doch vor dem fremden Herrn mit deinen Sorgen. Du blamierst dich ja.

Der Professor: Lassen Sie doch Ihren mir werten Herrn Gemahl ruhig sich vor meiner Wenigkeit ein wenig blamieren. Es ist doch wahrhaftig keine Kleinigkeit, mit finanziellen Schwierigkeiten zu kämpfen.

Arnold: Es gibt einen Standpunkt, von dem aus gesehen die Bezwingung kleiner Nöte nicht so hoch angeschlagen werden darf, wie es den Anschein hat, daß man's müßte.

Der Vater: So, kleine Nöte? Erlaube mir, dir da zu bemerken ...

Die Mutter: Es dürfte sich für dich schicken zu schweigen.

Arnold: Du wirfst dich gegen alle auf.

Die Mutter (aufflammend): Ja! *(sie wirft mit voller und darum fast schön zu nennender Heftigkeit ein Messer über des fremden Herrn Professors Kopf gegen die Wand)*

Der Vater: Warum beunruhigts du dich nur wieder. Sei doch nicht so.

Die Mutter: Wie?

Der Professor: Ihr seid, ich muß es laut sagen, riesig interessant. *(er lacht)*

Arnold: Meiner Mutter Benehmen beruht auf einer Angegriffenheit der Nerven.

Die Mutter: Worauf beruhe ich, Frecher.

Arnold: Sie werden entschuldigen, Herr Professor.

Die Mutter: Herzloser Sohn.

Der Professor: O das ist er nun gewiß noch nicht. Die Familie, in deren Kreis ich die Ehre habe zu sitzen, macht ganz einfach meiner Ansicht nach gegenwärtig etwas schwere Zeiten durch.

Die Mutter: Sie müssen ihm natürlich helfen, und ich soll einsehen, das schicke sich.

Der Professor: Verzeihen Sie mir, wenn's Ihnen mißfallen hat.

Der Vater: Siehst du?

Die Mutter: Ja, man sieht gleich, daß er Erfahrung hat. Wenn nur auch du so viel Erfahrung hättest.

Der Professor: Es tut mir leid zu sehen, wie es Ihnen beliebt, Ihren Mann denn doch wahrscheinlich ein wenig zu unterschätzen.

Die Mutter: Weil er so wohlgezielt spricht, so wirst du's mir nicht verübeln. *(Sie gibt ihrem Mann die Hand.)*

Arnold: Es werden Zeiten kommen ...

Die Mutter: Laß das mit deinen Zeiten.

Der Professor: Und was willst du denn werden?

Felix: Ich bin darüber gottlob in der schönsten Ungewißheit.

Der Professor: Die Antwort sollte Bedenken wecken, aber ich ziehe vor, dich für einen kräftigen jungen Menschen zu halten.

Felix: Man braucht nicht allzu brauchbar zu sein.

Die Mutter: Wie du sprichst.

Der Professor: Er spricht vielleicht gar nicht allzu unklug. Er hat Geist.

Der Vater: Leider sitzt er nur in jeder freien Minute über seinen *Büchern.*

Felix: Vater meint es sehr gut mit mir. *(Felix denkt hiebei an den Brief des Studenten.)*

Die Mutter: Gewiß haben wir reichlich gesorgt, daß Sie keinen gar guten Eindruck von uns mit sich nehmen können.

Der Professor: Ihre Befürchtung schmeichelt mir. Sie sind seelengut.

Arnold: Deine Güte ...

Die Mutter: Komm mir nur nicht mit deiner Kritik über die Güte.

Der Professor: Ihre Frau Mutter ist auf Ihre Wissenschaft, auf den Eifer, mit dem Sie derselben obliegen, ganz gewiß etwas neidisch, womit ich ihr ein Kompliment gemacht haben möchte.

Die Mutter: Wenn Sie sich von uns entfernt haben werden, vermißt Ihre ergebene Dienerin etwas.

Arnold: Sei doch nicht demütig. Du blamierst mich ja.

Der Vater: Es schadet dir allweg wenig, wenn dich deine Mutter von Zeit zu Zeit blamiert.

Arnold: (macht Versuche, die Tafel aufzuheben)

Die Mutter: Bleib nur sitzen. Ich bedaure, Ihnen meine größere Tochter nicht präsentiert zu haben, was mir nicht möglich war, da wir sie nicht erblicken. Sie befindet sich, wo es ihr besser gefällt als zu Hause.

Der Professor: O, wie Sie ihr sicher unrecht tun. Sie sind empfindlich.

Die Mutter: Schade, daß ich es bin.

Der Vater: Sei guten Mutes.

Die Mutter: Das muß man bei einem so häufig mutlosen Mann wohl.

Der Professor: Grollen Sie niemandem. Sie haben die wohlerzogensten Kinder.

Die Mutter: Und die unerzogenste Mutter bittet um die Erlaubnis, sich zum Zeichen, daß unser Essen beendet ist, erheben zu dürfen. Sie machen uns sicher das Vergnügen, sich noch ein wenig bei uns aufzuhalten. Ich trage gleich im guten Zimmer dann den Kaffee noch auf.

Sie haben sich vom Tisch erhoben.

Die Mutter schreibt der älteren Tochter,
die in einem Hotel als Telefonistin dient.
Felix schaut ihr zu.
Man muß sich die Schriftzüge als sehr schlank
denken, gleichsam ein wenig ausschweifend.
Eigentümliches Gemisch von Salon und Volk.

Liebe Tochter, ich weiß nicht, ob ich viel überlegt habe, eh ich zur Feder griff, damit Du wissest, wie sehr es mich beunruhigt, Dich fern von mir in einer gewiß sehr eleganten und angenehmen Umgebung zu wissen, die für Dich vielleicht eine zu angenehme sein mag, so unterhaltend, daß Du mich vielleicht schon ganz vergessen hast, denn mir scheint, ich erhalte wenig Nachricht von Dir. Die gedeckten Tische, die Säle, die glitzernd glatten Fußböden und die Herren Musiker, die für Umschmeichelung der Sinne zu sorgen haben, werden Dich schon haben übersehen lassen, was die Bibel zu uns spricht und uns mit ihrer Sprache vor Verführungen warnt. Daß man Dir dort oben, wo der internationale Reichtum lustwandelt und sich der Müßiggang nach Zerstreuungen umsieht, mit vieler Geschicklichkeit hofieren wird, setzt mich in eine Fülle von Besorgnissen, und ich möchte Dich *(sie hält eine Weile inne, als sei sie im Zweifel, als kämpfe sie mit der Wahrheit)* an die Züchtigkeiten mahnen, denen diejenigen, die rechtschaffen zu bleiben denken, stets unterworfen zu bleiben durchaus wünschen müssen. Du bist schön, und es wird Dich jedesmal freuen, wenn sie Dich alle das auf eine feine Art fühlen lassen, ich aber, bin ich nicht mehr schön, und willst Du es denn wirklich vor Deinem Gewissen verantworten können, mich so allein, so einsam zu lassen, denn einsam bin ich trotz meines Mannes, er fühlt nicht, was ich fühle. Komm doch heim.

Sie weint. Felix geht schnell aus dem Zimmer, damit sie [nicht] wahrnähme, daß er sie beobachtete. Man sendet oft Briefe ab, nur damit ihr Inhalt uns nicht weiter behellige. Vielleicht war das auch hier der Fall.

[20]

In einem Hof, wo altes Eisen usw. herumliegt.

Felix (zu einer eingesperrten Eule): Wie kann man auch so stumm [sein] du? Heißt das nicht die Wortkargheit übertreiben? Vielleicht bist du bedeutender, als du aussiehst. Rede doch ein wenig. So gar keine Lust haben, sich mitzuteilen. Schlafen Sie, Fräulein? Es ist denn doch mit einer immer gleichen Miene nicht gemacht. Das ist doch keine Mimik. Solltest du mir wirklich nichts zu sagen haben, Amalie? Dies ist der Park, und Karl hat augenblicklich in den böhmischen Wäldern viel zu vollbringen. Ich hieße also in diesem Fall Franz und würde dich um ein kleines Zeichen deiner Zuneigung bitten. Hältst du deine Verlorenheit schon für genügenden Sprachausdruck? Ich könnte bei dir die Geduld verlieren. Wie lange sitzest du schon so da? Sag es, sag es doch. O sprich! Nennst du keine Silbe erwidern sprechen, und muß ich zukünftige Unverständlichkeiten bei deinem eintönigkeitverheißenden Anblick ahnen? Bist du ein Trug, oder bist du so, wie du scheinst? Keine Antwort auf eine so franzige Frage? Der alte Moor ist im Turm einmöbliert. Wie kannst du da so unbeweglich blicken? O deine runden Augen scheinen alle Weisheit der Welt zu enthalten. Weißt du, daß ich in acht Tagen die Schule verlasse und in die Lehre trete, und ist dir bewußt, wie Shakespeare groß ist? Und willst du dein Leben hier in der Umgitterung verbringen, aber es liegt vielleicht ein Zweck in dieser Zwecklosigkeit. Machte dich dein Liebestraum, dein Traum von der Treue so unfühlend für die vorüberfliegenden, -fließenden Augenblicke? Findest du nie, nie, es sei schade um dich, um die so Schöne? Was machtest du aus dir, daß du deinen liedersingenden, glückswiderspiegelnden Hals verlorest, daß er dir mit dem Kopf zusammenging, als wären alle schönen Halslinien in Ewigkeit überflüssig? Machte dich das Heimweh nach Karls Herz so häßlich? Fort, Franz, sie scheint sich durchaus ausschweigen zu wollen. Was fang ich mit der rätselhaften Dame an? Sie meint vielleicht, sie spreche. Vielleicht tut sie's, aber ich höre nichts davon. Und ein anderes tritt nun an mich, will von mir erlebt sein. Überall Eulen, Eulen. Die uralten Wunder sind noch immer mitten unter uns. Wo ich zu sein meine, befindet sich womöglich ein Kirgise. Ist denn nicht nachgerade mit jeder Möglichkeit zu rechnen? Ich trete zurück und marschiere vielleicht vorwärts. Es sind große Unvorsichtigkeiten bei allen Behauptungen. Einige meiner Kameraden kennen mich schon nicht mehr, weil die andere Sphäre mir bereits zum Gesicht herausschaut. Vertreib dir deine Zeit, mein Schätzchen. Kein Mensch lebt, der imstande wäre, dir etwas Gutes zu erweisen. O wenn ich einst zur Eule und mich nichts mehr rühren, nichts mehr etwas angehen würde. Ist das nicht ganz planetenhaft gedacht? Ich muß fliehen, sie verzaubert mich sonst.

Ich mag nicht so frühzeitig an die Fraglichkeit gemahnt sein.

[21]

Im Kontorchen des Vaters von Felix. Es handelt sich um einen kleinen braven Handeltreibenden, der anscheinend keinen Charakter hat, der aber weiter leider Gottes nichts tut als der leidigen Not gehorcht. Die Nichtbemittelten können nicht das sein, was man Charaktere nennt. Es steht den Wohlhabenden wohl an, ihre Stellung, die sie einnehmen, mit diesem Schmuck zu zieren.

Der Vater von Felix: Höre einmal.

Felix: Ich höre.

Der Vater: Dein Vorgesetzter ist ein so scharmanter Mann.

Felix: Dir, lieber Vater, scheint das vielleicht bloß so.

Der Vater: Deine Einwendung mit der gebührenden Nichtbeachtung behandelnd, was du begreifen wirst, sage ich dir in aller väterlichen Freundschaft, an die ich dich gefälligst zu glauben bitte, daß sich der Chef über deine Aufführung beschwert, indem er mir klagte, du wollest ihm den Mund nicht gönnen, sprechest, redetest nie. Dabei äußerte er sich über dich befriedigend. Er hob hervor, du seist eifrig und intelligent. Was hast du dazu zu bemerken?

Felix: Mit deiner mir sympathischen Erlaubnis wundert mich meines Prinzipals Empfindsamkeit, denn so und nicht anders muß ich seinen Angriff gegen mich nennen. Es steht doch einem Chef eher an zu sprechen als einem

Lehrbub. Weshalb, da er sich gern mit mir zu unterhalten scheint, lädt er mich nicht zu einer Unterhaltung mit ihm ein, er, der Überwiegende? Ich bin doch unter ihm, er ist mir über. Er ist der Mächtige, ich der Schwache. Meine Meinung ist, daß es komisch aussieht, wenn er sich hinter meinem Rücken gegen seinen Diener wehrt, er, der Lehrer, gegen den Lernenden. Er trägt mir ganz einfach irgend etwas nach. Es wäre aber schöner, stärker, seiner Stellung besser entsprechend, wenn er deren Abgang oder Umgang zu nehmen verstände. Die Erhöhten sollten doch wohl in erster Linie die Offenen, Vertrauenerweckenden sein, oder etwa nicht? Falls ich mit ihm vertraulich zu sprechen wagen würde, könnte er sich ja herausnehmen, mir ins Gesicht zu erklären, ich sei frech. Sein Platz, auf dem er sitzt, erlaubte ihm, nicht viel Umstände mit mir zu machen.

Der Vater: So sprichst du von deinem Direktor?

Felix: Der Umwege um mich macht.

Der Vater: Der als ein so scharmanter Mann gilt.

Felix: Die Leute reden manches in den blauen Tag hinein.

Der Vater: Du machst mir Sorgen, Sohn.

Felix: Vater, du stimmst mich bedenklich.

Der Vater: Bedenklichkeit ziemt dir nicht. Brechen wir die Unterredung lieber ab. Das Leben wird dich, scheint es, eindringlich zu belehren haben.

Felix: Ich hoffe vieles von meinen Freundinnen, den Erfahrungen, die ich noch nicht kenne.

Der Vater: Sie werden sich dir schon zu erkennen geben. Du bist hiermit entlassen.

Felix: Überall, wohin man blickt, ist Not, Ungenügen, halbe Freundlichkeit und halbe Strenge.

Der Vater: Du kannst mir diesen Brief grad befördern, da deine Flinkheit mir zur Verfügung steht. *(händigt ihm die Post ein)*

[22]

Brief von Felix an Ernst Possart, Sie wissen ja, den Schauspieler.

Großer und wahrhafter Meister, ich bitte Sie trotz der Lorbeerkränze, die [in] Ihren weitläufigen Gemächern hängen, einen Brief durchlesen zu wollen, der von einem Kleinstadtjüngling stammt, der in illustrierten Zeitschriften Abbildungen von Ihnen sah und der nur den glühenden Wunsch hat, ins Schauspielertum hinaufzusteigen, falls klettern eine nicht ganz schickliche Redewendung sein sollte. Ich las Schiller und Goethe, und meine Behausung besteht mit Ihrer gütigen Erlaubnis in einer tapetenlosen Dachkammer, aus deren Fensterchen ich oft nach der Richtung hinblicke, wo Sie sich aufhalten. Ich schrieb bezüglich meiner Theaterpläne einem hiesigen Kunstfreund, der eine fabelhaft schöne, schneeweiße, gartenumschlossene Villa bewohnt. Er hat mir jedoch zu meinem unermeßlichen Bedauern von meinem Vorhaben abgeraten. Vielleicht werden auch Sie aus Mangel an Zeit, sich mit einer nur wie erträumten Laufbahn abzugeben, [das] tun. Ich glaube vermuten zu sollen, daß viele, viele junge nach den Brettern trachtende Leute Ihnen schreiben, und es fällt mir nicht schwer, zu begreifen, daß es Ihnen unmöglich ist, jeden jungen Menschen zu sich zu rufen, um ihn gebührlich in der Bühnenkunst zu unterrichten, was zweifellos eine geduldheischende Aufgabe ist. O lächeln Sie und antworten Sie mir wenigstens von Ihrer künstlerischen Höhe herab. Sie können sich ja gar kein Bild von dem Vergnügen machen, das Sie mir mit einer kleinen Mitteilung gewährten. Mein Vater hat keine Ahnung, nicht einmal einen Hauch von einer solchen, daß ich mit allen Fasern meines Wesens an der Bühne hänge, von der ich die vorteilhaftesten Begriffe habe, da ich sie für eine weitverzweigte und großmütige Anstalt halte, voll Zügigkeit und beinah Andacht. Eigentlich bin ich natürlich sehr verwundert über den Mut, den ich in mir fand, mich an eine so berühmte Persönlichkeit zu wenden, und verneige mich in diesem Gefühl vor Ihnen.

[23]

Bergabhang im Frühling. Felix hat die Lehrzeit
längst hinter sich. Er leistet, wie man
sogleich vernehmen wird, empfindsamen Frauen
Gesellschaft.

Felix: Es duftet nach Veilchen, riechen Sie's?
Frau Eleonore: Schreibt er Ihnen?
Felix: Ich kann mir sehr gut denken, von wem Sie reden, aber ich möchte Sie doch vorerst fragen, von wem reden Sie?
Eleonore: Von dem, der Sie hochschätzt.
Felix: Jakob schätzt Sie in der Tat, ob unbewußt, ob mit Absicht, ziemlich gering.
Eleonore: Ich sollte Sie auf dieses Wort hin eigentlich ersuchen, sich aus meiner Umgebung zu entfernen.
Felix: Aber Sie wollten doch von mir erfahren, ob er mir schreibt?

Eleonore: Ich weiß, daß er's tut. Übrigens wundere ich mich über die sorgsame Art, wie Sie sich jetzt kleiden.

Felix: Respektieren Sie mich deswegen?

Eleonore: Sie sollten doch uns Frauen kennen.

Felix: Die Stadt unter uns hat für mich etwas Liebendes. Ich möchte sagen, sie erinnere mich an Pflichten und sie deute mir an, sie könnte beglücken.

Eleonore: Wie wohlüberlegt Sie reden. Tun Sie das, um mich zu kränken?

Felix: Wie empfindlich Sie sind. Sind Sie das, weil Sie ihn lieben und weil Sie von ihm nicht wiedergeliebt werden?

Eleonore: Reden Sie so rücksichtslos, weil es Frühling ist, der uns an alles Zarte erinnert?

Felix: Ich rede so, um Sie zur Gegenrede zu veranlassen. Er schätzt mich hoch, und Sie begreifen das nicht.

Eleonore: Mich erinnert die Stadt da unten an viele schlaflos verbrachte Nächte.

Felix: Es muß sehr monoton sein, im Bett zu liegen und nicht schlafen zu können. Ich würde es für monoton halten, unglücklich zu lieben. Ich würde jede Art von Arbeit sentimentalem Müßiggang vorziehen.

Eleonore: Holen Sie mir dort jene Primeln, die mich so freundlich angucken.

Felix: Das mit dem Angucken kommt Ihnen nur so vor. Oder dann lasen Sie diese Phrase in einem Buche. Die Blumen keimen nicht, um Augen für uns Menschen zu haben. Sie sind blind und heilig. Wenn ich so ein Blümchen sehe, stehen sämtliche Zwecklosigkeiten unseres Daseins mir vor dem Erfassungsvermögen, und ich will sie nicht pflücken. Ich bin nicht Ihr Lakai.

Eleonore: Schlange.

Felix: Ich?

Eleonore: Ja.

Felix: Die Blumen des Frühlings lächeln nicht wie wir. Für mich sind sie zu lediglichen Launenhaftigkeiten zu schön, zu bedeutsam. Sie könnten mir ja ebensogut sagen, bitte pflücken Sie mir dort das Pferd, ich will's mit nach Hause tragen.

Eleonore: Verachten Sie mich?

Felix: Unbedingt.

Eleonore: Sie werden es mir nicht erklären können.

Felix: Weshalb nicht?

Eleonore: Sie fühlen nichts für Frauen.

Felix: Weshalb das nicht?

Eleonore: Weil Sie so roh sind.

Felix: Wieso bin ich roh? Ich vertrete vor allen Dingen doch mich selber. Eine Frau, die es wagt, mit einem Herrn von ihren Leidenschaftlichkeiten zu reden, schätzt weder sich selbst noch ihren Begleiter in dem Grade, wie sie sollte.

Eleonore: Sie sind gutmütiger, als Sie sich geben.

Felix: Ich würde mit einem Mädchen zart umgehen, das mit mir von ganz nebensächlichen Dingen spräche und vielleicht nur fühlen ließe, sie liebe.

Eleonore: Sie beschuldigen mich also der Unzartheit?

Felix: Gewiß.

Eleonore: Sie sind also auch empfindlich.

Felix: Ich habe noch nie daran gezweifelt.

Eleonore: Aber ich.

Felix: So wissen Sie's jetzt besser.

Eleonore: Wenn man liebt, wird man leicht maßlos.

Felix: Der Freund desjenigen, den Sie lieben, erlaubt sich nicht, gänzlich unbedeutend vor Ihnen dazustehen.

Eleonore: Sie haben mir wehgetan.

Felix: Weshalb machten Sie's nötig.

Eleonore: Daß man sich immer so in acht nehmen soll, wenn man sich gern eines Menschen ein bißchen bediente.

Felix: Wer sich nicht geltend macht, wo er eine Herabsetzung spürt, ist unklug.

Eleonore: Dann soll ich mich also noch entschuldigen.

Felix: Ich schäme mich nun ein wenig, und nun reden Sie mir von ihm, soviel Sie wollen. Ich werde die lauschende Aufmerksamkeit selbst sein.

Eleonore: Ich täte es nun nicht mehr unbefangen.

Felix: Auf einer Insel, wissen Sie, würd' ich mich bedenkenlos vor einer Frau bedingungslos stellen. Aber wir befinden uns unter Menschen, denen wir allzeit leicht und mit dem schicklichen Maß von Selbstachtung gegenüberzutreten fähig zu bleiben wünschen.

Eleonore: Sie haben recht, aber es ist schade, daß es so ist.

Felix: Sie wollen doch als anständige Frau angesehen werden.

*Frau Eleonore zuckt die Achseln, schweigt eine Weile.
Dann bringt sie kühl und aus erheblicher
Obenherabigkeit Belanglosigkeiten vor.*

[24]

*Für Felix kam eine Zeit jahrelangen
Schlechtgekleidetseins. Er geriet in mannigfaltige Not.*

Es kam ein Tag, wo ein Abkömmling gebildeter Eltern, an den ein Mädchen vielleicht nur zu oberflächlich glaubte, dieses Mädchen niederstach. Er raubte ihr das

Geld, das sie bei sich trug, um sich standesgemäß zu kleiden. Felix ließ sich von Mädchen auf Mangelhaftigkeiten seines Äußeren aufmerksam machen, ohne das tragisch zu nehmen. Obiges Mädchen wird obigen jungen Menschen, solange er sich fein tragen konnte, verhätschelt haben. Vielleicht wuchs aus dieser Verhätschelung ihr Verderben. Denn man nimmt an, daß sie den Verarmten nur so ein billiges kleines dummes oberflächliches «Entsetzen» wird haben merken lassen, als er ihr nicht mehr »vornehm» erschien. Er wurde rasend und rächte sich. Junge Mädchen, sorget, daß euch eure Liebhaber nicht nur lieben [hier sind am Ende dieser und am Anfang der folgenden Zeile auffallenderweise je ein Viertel Zeilenlänge freigelassen], sondern auch achten und daß ihr euch nicht nur gegenseitig sättigt und wünscht und dann wieder nicht mehr wünscht, dann von neuem wieder usw., sondern euch auch gegenseitig aufrichtet, wenn es das eine oder das andere vielleicht mal bitter nötig hat. Übrigens bin ich, ich bekenne es offen, überzeugt, daß ihn eine schrecklich-wunderbare Macht zum Morden drängte. Wir sind Werkzeuge, um gute oder böse Exempel zu statuieren, über welche Ansicht sich natürlich streiten läßt. Jeder von uns wird Augenblicke kennen, in denen er zur Beute einer in ihm wühlenden Menschenverachtung wurde. In solchen Augenblicken fährt etwas Gliedermannhaftes, Mechanisches in uns. Arme und Beine und Entschlüsse bewegen sich nach furchtbar rechnerischen Gesetzen. Möglich ist, daß jenes Mädchen die Gefahr, in der sie schwebte, kannte, daß sie mit ihren Befürchtungen kokettierte und daß ihn nicht zuletzt auch ihre Tändelei zu der verdammenswerten Tat anstachelte. Felix ging eine Zeitlang in sehr entstellendem

Aufzug. Zeitweilige Unmöglichkeit, von beifälligen Blicken begleitet in ein Café zu treten, darf uns nicht in allzu hohem Maß verstimmen. Nein, Freunde, so weit darf es nicht kommen. Felix trug zum Beispiel vier Jahre lang ein und denselben Hut, zum Glück geschah das nur in der Provinz. Immerhin trug dieser Hut und sein langjähriges Beharren zu ziemlich viel mitbürgerlicher Mißdeutung bei. Anderseits suchten Damen mit ihm ins Gespräch zu kommen, die sämtlichen Komfort kennen und schätzen zu lernen in die Lage kamen. Felix war stets sehr beschäftigt. Unsere Beschäftigtheiten sollen so stark sein, daß sie uns über viel Mißliches hinwegzutragen vermögen. Wir sollten uns jederzeit zu irgend etwas bekennen. Obwohl es eine große Sünde ist, die Augen unserer lieben Mitmenschen durch irgendwelche Abgetragenheiten zur Empörtheit zu veranlassen, können wir nicht umhin, zu glauben, daß wir uns doch nicht vorbehaltlos unserem Anzug anheimstellen dürfen. Sind denn das überhaupt ernsthafte Betrachtungen? Vielleicht zweifeln einige daran, das würde nicht gar viel schaden. Jener junge Mensch aus sehr gutem Hause sah, daß er sich schadete. Ja, meine Herren, wenn wir keinerlei Schaden zu ertragen, langsam wiedergutzumachen imstand sind, könnte man uns dann nicht Talentlosigkeit vorwerfen? Er stand so da mitten in der Sonne und seine mangelhafte Bekleidung kam ihm immer unerträglicher vor. Das bißchen Schaden nahm ihm die Besinnung. Er wurde nervös, das heißt bös. Wir können in der Tat schrecklich werden, wenn uns unsere Lage als schrecklich erscheint. Wenn wir vor uns erschrecken, schrecken auch andere vor uns zurück. Ich hoffe, daß jeder von euch das schon einmal in Wirklichkeit erfuhr. Ich bitte Sie, sich hieran zu erinnern. Eine ganz leise, feine, ich meine, so ein Hauch von Befähigung zu töten, wie? Steckt sie nicht in jedem von uns? Ich meine, ein sehr schwacher Rest einer sich um Jahrhunderte zurückdatierenden Anlage?? Ich frage mich. Fragt euch auch. Keiner von uns kann wissen, ob er nicht Schlimmeres ist. Ihr braucht nicht wissen, wie ich's meine. Es braucht nur auch in euch eine Meinung zu entstehen. Absolut unbegreifliche Schlechtigkeiten existieren nicht. Wir vermögen jede Verirrung zu fassen. Warum machen wir aus kleinen Fehlern oft solch ein Geschrei? Das kommt daher, weil uns Unbefriedigendes an anderen befriedigt. O wir Immergrünen –

ANHANG

NACHWORT

In den vorausgegangenen ersten Gesamtausgaben des Werks von Robert Walser (Genf und Hamburg, bzw. Genf, 1966-1975, sowie Zürich und Frankfurt a. M., 1978) waren die Gedichte und die Dramolette Walsers in einem Band vereint, dessen Herausgabe von dem 1996 verstorbenen Robert Mächler besorgt wurde. In der vorliegenden Ausgabe bilden die Gattungen je einen eigenen Band, der jedoch auf den entsprechenden Teilen des Vorgängers, erweitert um einige hinzukommende Texte, beruht. Robert Mächlers Nachwort und seine Anmerkungen wurden hier übernommen und, noch mit seinem Einverständnis, von Jochen Greven ergänzt und überarbeitet, wo die neue Sachlage dies erforderte.

Robert Walser und das Theater: das ist die Geschichte einer lebenslangen und sehr eigentümlichen Faszination, die vielfach auf sein Schreiben gewirkt hat. Sie hebt an mit ersten Eindrücken, die er als Heranwachsender im Theater seiner Vaterstadt Biel empfing (eine der «Felix»-Szenen, vgl. S. 228, zeugt davon; Robert Walser wurde auch als etwa 14jähriger von seinem Bruder Karl in einer Kostümierung als Schillerscher «Räuber» gemalt). Überliefert (und von ihm selbst in mehreren Prosastücken mehr oder weniger humoristisch verarbeitet – vgl. den Brief des «Felix» S. 232) ist auch sein Traum, Schauspieler zu werden, der zerbrochen sein soll, als der Neunzehnjährige in Stuttgart einem der dortigen Bühnenstars vorsprach und dessen barsches Urteil über sein fehlendes Talent erfuhr. (Der Anekdote nach soll es Kainz gewesen sein, der indessen nie in Stuttgart auftrat; vielleicht war es eher eine Dame des Hofensembles.) Später, in seinen Berliner Jahren, bewegte er sich an der Seite seines Bruders, des erfolgreichen Bühnenbildners, im dortigen Theatermilieu und schrieb Dutzende von Glossen und Skizzen über die darin gefundenen Motive und Themen. Bis in die Berner Zeit setzt sich die Auseinandersetzung mit Theatererlebnissen vielförmig fort. Aber das Theatralische, Szenenbildhafte ist auch in vielen Erzählungen und Beschreibungen anwesend, die höchstens indirekt auf die Bühne verweisen (für die frühe Prosa hat Bernhard Böschenstein in seinem Aufsatz «Theatralische Miniaturen», in: Probleme der Moderne. Festschrift für Walter Sokel, Tübingen 1983,

S. 67–81, darauf aufmerksam gemacht), in den zahlreichen Beispielen von Rollenprosa, in den oft burlesken Selbstmaskierungen und rein sprachlich inszenierten «Auftritten» als Verwandlungskünstler (vgl. dazu Marion Gees, «Schauspiel auf Papier. Gebärde und Maskierung in der Prosa Robert Walsers», Berlin 2001).

Es müßte verwundern, hätte dieser Autor nicht auch selbst die szenische Form aufgegriffen. Tatsächlich ist aus seinen erinnernden Prosastücken «Fanny» und «Wanda» (in «Aufsätze», SW Bd. 3, S. 57 und 55) zu entnehmen, daß sich der jugendliche werdende Dichter zunächst zum Dramatiker bestimmt glaubte. Dabei zogen ihn historische Stoffe an. «Als blutjunger Mensch, d. h. 1899, hatte ich im Sinn, die Schlacht bei Sempach zu dramatisieren. Ein Literat, dem ich die Absicht mitteilte, riet mir ab davon, indem er mir vorschlug, lieber etwas aus dem Inwendigen zu dichten», heißt es im Vorspruch zu dem Band «Komödie» von 1919 (und mit denselben Worten begann bereits das Mai 1918 erstveröffentlichte Prosastück «Die Knaben», jetzt in SW Bd. 16, S. 263). Dem damals befolgten Ratschlag – es war vermutlich J. V. Widmann, vielleicht aber auch Otto Julius Bierbaum, der ihn erteilt hatte – verdanken sich zunächst die frühen Dramolette und dann die weiteren in diesem Band versammelten Texte. Ihnen ist gemeinsam, daß sie kaum auf die Bühne zu drängen scheinen: Es sind eher Lesedramen, und damit ergibt sich auch ein unscharfer Übergang zu den weiteren Prosatexten mit wenigstens äußerlich szenischer Form in Robert Walsers Werk. Diese Monologe, Dialoge und kleinen Szenenfolgen treten im frühen und mittleren Werk nur vereinzelt auf, 1924–26 dann aber als vielzählige Gattungsgruppe (vgl. den Abschnitt «Kleines Theater des Lebens» in SW Bd. 17, «Wenn Schwache sich für stark halten», S. 370–485, die entsprechenden Texte in SW Bd. 8 «Die Rose» und den Abschnitt «Dramatische Szenen» in «Aus dem Bleistiftgebiet», Bd. 2, hg. von Bernhard Echte und Werner Morlang, Frankfurt a. M. 1985, S. 403–472, sowie Bd. 6, hg. von Bernhard Echte, Frankfurt a. M. 2000, S. 511–521). Gewiß spricht manches dafür, alle diese dramatisierten Texte in Walsers Werk in einer Perspektive zusammenzufassen, wie das z. B. Dieter Borchmeyer in einer der ersten Auseinandersetzungen mit den späten Szenen und Dialogen getan hat.

Er fragt dabei unter anderem: «... wie ist zu erklären, daß seine Dramolette und die szenisch konzipierten Prosastücke – trotz der immer wieder unternommenen Theaterexperimente mit ihnen – die Bühne nie wirklich erobern konnten? Der wesentlichste Grund dafür ist die Tatsache, daß sie ihren eigenen theatralen Charakter in einem Maße reflektieren, daß sie sich eben dadurch – und zwar bewußt – der Bühne entziehen. Das Spiel des Theaters mit sich selbst gehört gewiß zu seinen ältesten und bühnenwirksamsten Motiven. Die Stücke Walsers potenzieren dieses Spiel indessen in einer szenisch kaum mehr zu vermittelnden Form. Sie sind ein Metatheater, das seinerseits nicht zum Theater zurückstrebt, sondern die reale Bühne transzendiert. Das ist Walser zweifellos sehr bewußt gewesen. Im Essay ‹Weiteres zu Kleist› (vgl. SW Bd. 19, S. 257) schreibt er einmal: ‹Für die Schauspieler sind die Kleiststücke quälend, indem Kleist seine Figuren alles das sprechen läßt, was die Schauspieler lieber lediglich spielen, darstellen, als mühsam aussprechen. Hinzu kommt die ungeheure Formfeinheit, die komplizierte, barocke Schönheit der Kleistschen Ausdrucksweise, die den Schauspieler mit Abneigung erfüllen. Kleist hat eben nie eine Bühnen-, sondern immer eine Dichtersprache gesprochen.› Könnte das nicht eine Selbstcharakterisierung des Stückeschreibers Walser sein? Was er als vermeintlichen Bühnenmangel Kleists beschreibt – den dramaturgischen Pleonasmus, daß, was reine Spielhandlung sein sollte, zugleich sprachlich thematisiert wird – ist geradezu das metatheatralische Prinzip Walsers, sind sich doch die Figuren seiner Dramolette und dialogisierten Prosastücke (die sich nur schwer voneinander abgrenzen lassen) ihrer theatralen Fiktionalität meist bewußt, verbalisieren und hinterfragen ständig das, was sie tun, kultivieren mithin ausdrücklich jenen dramaturgischen Pleonasmus.» («Robert Walsers Metatheater – Über die Dramolette und szenischen Prosastücke», in: «‹Immer dicht vor dem Sturze ...› Zum Werk Robert Walsers», hg. von Paolo Chiarini u. Hans Dieter Zimmermann, Frankfurt a. M. 1987, S. 129-143.)

Trotz der damit bezeichneten Verwandtschaft wurde für diese Ausgabe eine Abgrenzung vorgenommen, bei der zunächst der äußere Umfang der Texte ausschlaggebend war: dieser Band enthält die größeren szenischen Arbeiten Walsers und damit zugleich diejenigen, die – wenigstens in gewissem Sinn – konsequent zu «Stücken» ausgebildet sind. (In den anderen Texten wird das szenische Genre oft nur parodiert.) Daß die Hinzunahme der «Felix»-Szenen, als spätestem und – chronologisch wie formal – den dialogisierten Prosastücken aus der Mitte der 20er Jahre nahestehendem Text, unter diesem Gesichtspunkt als fragwürdig angesehen werden könnte, ist dem Herausgeber bewußt. Immerhin schien dieses so reizvolle, schon früher aus den unveröffentlichten Entwürfen Walsers gewonnene und in die Gesamtausgabe aufgenommene Werkfragment bei der Neugliederung doch hier seinen passendsten Anschluß zu finden. Neu hinzugenommen zu den Dramoletten wurde außerdem das Mundartstück «Der Teich», das, irrtümlich als eine Schöpfung noch aus der Jugendzeit Walsers angesehen, zuvor in einem Anhang der Gesamtausgabe plaziert gewesen war.

Jener bereits zitierte Vorspruch zu dem Band «Komödie» von 1919, der auf das Jahr 1899 Bezug nimmt und auf den damals befolgten Rat des erfahrenen «Literaten», statt eines historischen Schlachtendramas «lieber etwas aus dem Inwendigen zu dichten», schließt mit der lapidaren Angabe: «Daraufhin schrieb ich ‹Die Knaben› und bald hernach auch die übrigen Stücke.» Gemeint sind «Dichter», auch noch 1899 (oder Anfang 1900) entstanden, und die beiden Versdramolette «Aschenbrödel» und «Schneewittchen», die Walser erst im Jahr 1900 oder auch im Frühjahr 1901 geschrieben haben könnte. In etwa den gleichen Zeitraum dürfte auch die Entstehung des Mundartstücks «Der Teich» fallen: kaum früher als Herbst 1899 und sicher nicht später als 1902 (vgl. die Anmerkung zu diesem Text). In diesen Jahren führte der Autor ein recht unruhiges Wanderleben. Im Frühjahr 1899 verbrachte er drei Monate in Thun, offenbar aushilfsweise bei der dortigen Spar- und Leihkasse angestellt; Anfang Mai kündigt er in einem Brief an J. V. Widmann eine Reise nach München an, sein Aufenthalt dort ist aber nicht sicher belegt (immerhin scheint sich das erinnernde Prosastück «München», in dem es u. a. heißt, er habe dem Schriftsteller Max Dauthendey und seiner Frau «Die Knaben» vorgelesen, auf dieses Jahr zu beziehen; vgl. SW Bd. 16, S. 269). Von Anfang Oktober 1899 bis Ende April 1900 hielt sich Walser als Commis in Solothurn auf. Dann verliert sich seine Spur – vielleicht lebte er vorübergehend wieder in Zürich –, bis er sich Ende November erneut (?) in München einfindet. Vom Frühjahr 1901 bis zum Sommer wieder in Zürich, reist er im Juli nochmals nach München und fährt im August von dort – möglicherweise zuvor Max Dauthendey in Würzburg besuchend – nach Berlin. Im September ist er zurück in München, ab Mitte Oktober in Zürich. Januar 1902 nimmt er einen weiteren Anlauf nach

Berlin, ohne dort Fuß fassen zu können. Niedergeschlagen kehrt er bald in die Schweiz zurück und schlüpft zunächst für drei Monate bei seiner Schwester Lisa in Täuffelen am Bieler See unter, ehe er sich wieder nach Zürich begibt.

Franz Blei hatte schon 1898 von Zürich aus Walser als Lyriker an seine Münchner Literatenfreunde empfohlen, die der junge Autor dann in München auch selbst kennenlernte – Otto Julius Bierbaum, Alfred Walter Heymel, Rudolf Alexander Schröder, Frank Wedekind und andere, die zum Kreis um die ab Oktober 1899 erscheinende, exquisit aufgemachte Zeitschrift «Die Insel» gehörten. Durch das Erscheinen nicht nur einiger Gedichte, sondern nun auch der Dramolette in den Heften dieser Zeitschrift durfte Walser sich in die Elite der damaligen literarischen Jugend aufgenommen fühlen. Was R. A. Schröder den in der «Insel» veröffentlichten frühen Gedichten von Walser nachrühmt, bezieht sich ohne Zweifel ebensosehr auf die dramatischen Dichtungen: es wohne ihnen «bei aller pathologischen Bedingtheit eine solche Dichtigkeit und Dämonie und zugleich eine solche Zartheit und Reinheit der Aussage bei, daß ich ihnen Ähnliches innerhalb unsrer Sprache nicht an die Seite zu setzen wüßte». («Aus den Münchner Anfängen des Insel-Verlags», 1935, im dritten Band der Gesammelten Werke.)

Das durch die «Insel» gewonnene Prestige hätte dem Dichter beim Bemühen um eine Veröffentlichung der Dramolette in Buchform nützlich sein müssen. Aber die jahrelangen Verhandlungen mit dem Insel-Verlag über einen Dramen- und einen Gedichtband, der auf «Fritz Kochers Aufsätze» (1904) hätte folgen sollen, zerschlugen sich nach dem Mißerfolg dieses Erstlings. Aus der betreffenden Korrespondenz geht hervor, daß Walser aus nicht angegebenen Gründen dazu neigte, «Schneewittchen» wegzulassen. Eine vorläufige Absage des Insel-Verlags im Frühjahr 1905 scheint ihn für längere Zeit in dieser Sache entmutigt zu haben. Ende 1912 bot er die Verskomödien «Aschenbrödel» und «Schneewittchen» sowie eine Prosasammlung dem Verlag Ernst Rowohlt (später Kurt Wolff) an. Die beiden Komödien charakterisierte er dabei mit den Worten: «Sie sind ganz Poesie, und durchaus nur für künstlerisch genießende Erwachsene ... Sie sind auf den Stil und auf die Schönheit angelegt, und der Genuß des *Buches* ist daran die Hauptsache. Ob sie je aufgeführt werden könnten, etwa mit Musik, ist ganz und gar fraglich und erscheint vorläufig völlig nebensächlich. Sie sind auf Rede und Sprache gestimmt, auf Takt und rhythmischen Genuß.» (Brief vom 12. Dezember 1912)

Wieder blieben die Verhandlungen ergebnislos, ebenso die von 1915 mit Rowohlts Leipziger Rechtsnachfolger Kurt Wolff, dem Walser die illustrative und typographische Mitarbeit des erfolgreichen Bruders in Aussicht stellte. Drei Jahre später fragte er nochmals den Insel-Verlag an, hierauf gleichzeitig Rascher in Zürich und Huber in Frauenfeld. Das Buch habe «Kraft und Rasse», schrieb er an Rascher (14. Juni 1918); es seien «kühne, freie jugendliche tänzerische Prosa- und Versspiele, Bühnenvorgänge... ‹Komödie› liest sich gut und steht in mehr als einer Hinsicht zu all dem sonstigen Geschehen in einem originellen, durchaus unbeabsichtigten Zusammenhang...» Mit einer Paraphrase dieser Worte begleitete er das Angebot an Huber. Rascher hatte Interesse, aber Walser, der mit ihm auch über «Seeland» verhandelte, meldete Anfang Juli in einem knappen N.B., er sei nun in bezug auf «Komödie» «bereits anderswo engagiert». In der Tat hatte sich Bruno Cassirer entschlossen, nicht bloß die «Gedichte» in zweiter Auflage, sondern auch die vier Dramolette drucken zu lassen. Das in zierlichem Kleinoktav hergestellte, mit einer Einbandzeichnung von Emil Rudolf Weiß geschmückte Bändchen erschien 1919, zwanzig Jahre nach der Entstehung der Spiele. Von Erfolg konnte, wie es bei Lesedramen und angesichts der deutschen Nachkriegsverhältnisse nicht anders zu erwarten war, keine Rede sein. Die Kritik wußte nicht viel darüber zu sagen.

Auch in der späteren essayistischen und wissenschaftlichen Auseinandersetzung mit dem Werk Robert Walsers fällt überraschend wenig Licht auf seine frühen Dramolette (wie überhaupt auf seine szenischen Arbeiten). Dabei hatte Walter Benjamin bereits 1929 «Schneewittchen» «eines der tiefsinnigsten Gebilde der neueren Dichtung» genannt, «das allein hinreichen würde, verständlich zu machen, warum dieser scheinbar verspielteste aller Dichter ein Lieblingsautor des unerbittlichen Franz Kafka gewesen ist» (W.B., «Über Literatur», Frankfurt a.M. 1969, S. 65) Unter den Dissertationen geht Urs Herzogs Arbeit «Robert Walsers Poetik. Literatur und soziale Entfremdung» (Tübingen 1974) ausführlich auf diesen «hervorragenden Schlüsseltext» ein, von dem der Autor im Vorwort sagt: «Sofern die Existenz einer radikal entfremdeten Dichtung auf dem Spiel steht, geht dieses Spiel von Schneewittchen um die Bedingung und Möglichkeit moderner Dichtung überhaupt und das jetzt und künftig augenfälliger als zur Zeit seiner Entstehung.» Peter Utz widmet in seiner großen Monographie «Tanz auf den Rändern. Robert Walsers ‹Jetztzeitstil›» (Frankfurt am Main 1998) dem «Spiel mit Märchenmelodie und Märchenkleid» immerhin ein ganzes Kapitel; er weist dabei an Walsers «Aschenbrödel» unter anderem nach, wie zeitgemäß in Form wie Inhalt die Märchendramolette Walsers waren.

Nach den vier Stücken, die in «Komödie» vereint wurden, und den Mundartszenen «Der Teich», die Walser kaum zur Veröffentlichung vorgesehen haben dürfte und in einer Manuskriptabschrift seiner Schwester Fanny schenkte, ruhte seine dramatische Produktion lange. In Berlin dürfte um 1911/12 das von Walser selbst als Fragment bezeichnete Versspiel «Tobold» entstanden sein, das er – nach einem Erstdruck in dem von Max Brod herausgegebenen Jahrbuch «Arkadia» (1913) – in seine Sammlung «Kleine Dichtungen» aufnahm (es findet sich daher in SW, Bd. 4, S. 45). Zwar betonte er Ende 1912 in einem Brief an seinen neuen Verlag Ernst Rowohlt/Kurt Wolff, er werde «auch weiterhin noch szenisch arbeiten», aber tatsächlich fühlte er sich wohl erst durch die 1919 endlich zuwege gebrachte Buchausgabe der frühen Dramolette dazu ermuntert. Denn dann erschienen zwischen September 1920 und Februar 1922 in verschiedenen Zeitschriften die vier neuen Spiele «Das Liebespaar», «Dornröschen», «Das Christkind» und «Der Taugenichts». Auf diese Werklein bezieht sich wahrscheinlich die Bemerkung in einem Brief an Frieda Mermet vom Februar 1922, er habe vier in Biel geschriebene «Gedichte» dem Insel-Verlag unterbreitet (eine Buchausgabe kam indessen nicht zustande). Gedanklich und psychologisch sind sie einfacher, volksnäher, in der Sprachform lässiger als die früheren Texte. Sie haben das, was R. A. Schröder als deren «Dichtigkeit und Dämonie» schätzte, nur noch latent und spurenweise.

Mitte der zwanziger Jahre, in einer Phase von größter Produktivität auch in den anderen Gattungen seines Schaffens, bildet Walser dann die Form des szenischen Prosastücks aus, auf die schon verwiesen wurde, und in dieser Zeit – nach Bernhard Echtes und Werner Morlangs Datierung der Mikrogrammblätter im April/Mai 1925 – entstanden in lockerer Folge auch die Entwürfe, in deren Mittelpunkt der heranwachsende Knabe «Felix» steht. Sie finden sich auf elf Blättern, und zwar bildeten die Szenen 6, 7, 9, 20, 23 und 24 eine zusammenhängende Folge auf drei Blättern, die Szenen 17, 15, 16, 22, 11, 5 und 19 eine Folge auf zwei Blättern. Auf nochmals drei Blättern stehen die Abschnitte 1, 2, 3, 18, 8 und 14, von denen der erste überschrieben ist: «Geeigneten Ortes einzusetzen.» Ein Blatt, das überschrieben ist: «einzuschieben», enthält die Szenen 10, 12 und 13, nochmals zwei weitere Blätter enthalten die Szenen 4 und 21. (Die Numerierung erfolgte erst durch den Herausgeber.)

Die «Felix»-Abschnitte entstanden, wie diese Übersicht anzeigt, also nicht kontinuierlich, sondern Walser notierte sie im Verlauf einer gewissen Zeit neben und zwischen anderen Arbeiten. Er war dabei zunächst offenbar immer nur an der einzelnen Episode, dem einzelnen Bild interessiert, nicht an Entwicklungen und Zusammenhängen – daher griff er in beliebiger Reihenfolge Erinnerungen auf, die sich bald auf eine frühere, bald auf eine spätere Zeit seiner Jugend bezogen. Die sich in dieser Weise ansammelnden Momentaufnahmen wollte er aber später, wie der Vermerk «Geeigneten Ortes einzusetzen» auf einem Blatt belegt, zu einem geordneten Zusammenhang kombinieren. Ehe es dazu kam, brach er aus unbekannten Gründen das Vorhaben ab. (Dabei mag der Gedanke mitgespielt haben, daß eine Veröffentlichung dieser nur oberflächlich verschlüsselten Szenen aus dem Familienleben Walsers Geschwistern vielleicht als indiskret und verletzend erscheinen würde. Sie waren in dieser Hinsicht recht empfindlich, und Walser selbst gab ihnen später recht darin, wie Äußerungen zu Carl Seelig zeigen.)

Ob die Ordnung, die Walser selbst den Abschnitten gegeben hätte, eine strikt biographisch-chronologische gewesen wäre, oder ob darin auch Vorgriffe und Rückblenden möglich gewesen wären, läßt sich kaum entscheiden; immerhin macht der Stoff aber die erstere Annahme wahrscheinlich. Für die Herausgabe aus den Entwürfen empfahl es sich jedenfalls, eine ungefähre biographische Reihenfolge zu rekonstruieren und dafür dann auch, wo angezeigt, Szenen zu trennen oder zu vertauschen, die in der Niederschrift aufeinanderfolgten. Freilich ergibt sich aus dem Inhalt teilweise keine zwingende zeitliche Folge der Episoden, eine Reihe von ihnen stellt Situationen dar, die der Knabe Felix irgendwann im Alter von etwa acht bis dreizehn Jahren durchlebt haben kann und die in ihrem Nacheinander austauschbar bleiben.

Daß der Inhalt des «Felix»-Zusammenhangs autobiographisch ist, steht außer Zweifel. Wenn sich auch nicht alle Details belegen lassen, ist doch die Szenerie von Biel, Walsers Vaterstadt, und der Wohnungen der Familie dort ebenso unverkennbar wie die höchst charakteristischen Porträts der Eltern und Geschwister. Von diesen begegnen uns der acht Jahre ältere Hermann Walser als Adolf, die vier Jahre ältere Schwester Lisa als Adressatin eines Briefes der Mutter, der ein Jahr ältere Karl als Adelbert und die vier Jahre jüngere Fanny als Flori. In dem «Studenten aus Bern» ist andeutungsweise der fünf Jahre ältere Bruder Ernst zu erkennen, wenn er auch nicht ausdrücklich als solcher eingeführt wird. Den zeitlichen Hintergrund bilden die 80er und 90er Jahre des 19. Jahrhunderts.

Die nächste Parallele zu dieser Jugendgeschichte innerhalb von Walsers Werk stellen die fast zwanzig Jahre früher geschriebenen Erinnerungen Simon Tanners in «Geschwister Tanner» (SW Bd. 9, S. 117 ff.) dar. Dort ist unter anderem auch die Entzweiung und Wiederversöhnung der am nächsten verbundenen Brüder Simon und Kaspar, hier Felix und Adelbert, erwähnt (S. 33). Viele weitere einzelne Motive finden sich an anderen Stellen des Werks wieder: die Freundschaft mit dem Großratssohn, in dessen Maske Robert Walser in «Fritz Kochers Aufsätze» und «Jakob von Gunten» selber schlüpft, auch in «Die Buben Weibel» (SW Bd. 15, S. 95), das kindlich-anspruchsvolle Wesen der jüngeren Schwester in «Fanny» («Aufsätze», SW Bd. 3, S 57) und «Der Saubub» (1927; SW Bd. 19, S. 183), die komisch dargestellte Theaterleidenschaft des Lehrlings samt den Förderungsgesuchen an den kleinstädtischen Kunstmäzen und den hauptstädtischen Meister der Bühne in «Wenzel» («Geschichten», SW Bd. 2, S. 81), die mit dem Bruder Ernst geteilte dramatische Begeisterung in «Wanda» («Aufsätze», SW Bd. 3, S. 55), usw. – ein vollständiger Nachweis würde allzu umfangreich.

Hier in den «Felix»-Szenen sind die Mosaiksteine der Kindheits- und Jugenderinnerungen aber nicht nur am vollständigsten gesammelt und zu dichten, plastisch-anschaulichen Bildern zusammengefügt, die zumeist von feinem Humor gefärbt sind. Walsers Versuch geht in der ausdrucksvollen Stilisierung und Pointierung dieser Szenen über die bloße biographische Faktizität und humoristische Idyllik deutlich hinaus in der Richtung einer psychologischen Studie, die die Wechselbeziehungen von Anlagen und äußeren Bedingungen, den Dialog des erwachenden Individuums mit der Welt spiegelt. Dabei steht letztlich eine problematische Selbsterfahrung, ganz objektiviert, im Mittelpunkt: die Erfahrung einer eigentümlichen Bewußtseinsdistanz, eines Raumes innerer Freiheit, die sich auch in der Neigung zu paradoxen Reaktionen und Reflexionen äußert.

Der letzte der «Felix»-Abschnitte in der hier aufgestellten Reihenfolge gibt einige Rätsel auf: in ihm verändert sich die szenische Form zur Erzählung hin, die ihrerseits mehr und mehr zum Traktat wird, und auch der inhaltliche Zusammenhang mit dem Vorhergehenden verflüchtigt sich. Der Text scheint dem ursprünglichen Konzept zu entgleiten, und es liegt nahe, darin den Ausdruck einer psychischen Krise zu sehen. Da die Entstehungsfolge der Abschnitte sich nicht eindeutig klären läßt, muß die Frage offenbleiben, ob dieser auch in ihr der letzte ist und die Aufgabe, Auflösung des ganzen Unternehmens bezeichnet, oder ob diesem merkwürdigen «Epilog» etwas später doch noch andere, vorher einzuschiebende Szenen folgten, in denen Walser den Faden, der ihm hier abreißt, wiederaufnahm (diese Annahme ist die wahrscheinlichere). In diesem Fall hätte er selbst vielleicht bei einer Zusammenstellung der Szenen diesen etwas problematischen Text ausgelassen – da sein wenigstens äußerlicher Zusammenhang mit den anderen «Felix»-Abschnitten aber feststeht, mußte er hier mitaufgenommen werden.

Die Transkription der «Felix»-Entwürfe aus den Mikrogrammen Walsers, 1968 vom Herausgeber vorgenommen und 1972 in Bd. XII/1 der Ausgabe «Das Gesamtwerk» erstveröffentlicht, wurde inzwischen von Bernhard Echte und Werner Morlang für die Wiedergabe in «Aus dem Bleistiftgebiet» Bd. 3 (Frankfurt a. M. 1986) nochmals überprüft; die Korrekturen und Ergänzungen, die sich dabei ergaben, konnten hier übernommen werden. (Verwiesen sei auch auf den «Editorischen Bericht» von Werner Morlang in dem zitierten Band, in dem der Versuch einer Rekonstruktion der Entstehungsfolge dieser Szenen unternommen wird.) Immer noch unsichere Lesarten sind im Text durch serifenlose Schrifttype gekennzeichnet. Im Manuskript fehlende, ergänzte Worte und editorische Hinweise stehen in eckigen Klammern. Die Kursivierung der als Szenenbeschreibung bzw. «Regieanweisung» aufzufassenden Elemente des Textes wurde vom Herausgeber vorgenommen.

Für die Textgestalt der vier frühen Dramolette war die Buchausgabe «Komödie» (1919) maßgebend. Die Prosa-Dramolette «Die Knaben» und «Dichter» weisen hier gegenüber den Erstabdrucken in der «Insel» zahlreiche kleine stilistische Änderungen auf, meistens im Sinne einer Straffung (vgl. auch Anm.). Bei «Aschenbrödel» und «Schneewittchen» sind die Abweichungen seltener und noch geringfügiger. Für die späteren Spiele lagen nur die Zeitschriftabdrucke vor.

Die erste Aufführung eines Stücks von Robert Walser war wahrscheinlich die Uraufführung von «Aschenbrödel» durch die Werkbühne Zürich am 13. 10. 1967 im Kunsthaussaal Zürich. Am 17. 1. 1973 bot das Zürcher Theater am Neumarkt unter dem Titel «(Alle gehen gegen das Schloß)» eine Inszenierung der Märchendramolette «Dornröschen», «Aschenbrödel» und «Schneewittchen». Die Schaubühne am Halleschen Ufer, Berlin, gab am 23. 10. 1979 «Familienszenen» von Robert Walser: eine Auswahl aus den «Felix»-Szenen, «Der Teich» (in hochdeutscher Übersetzung) und «Schneewittchen». Seitdem hat es noch weitere Inszenierungen insbesondere des Dramoletts «Schneewittchen» gegeben (zum Beispiel Stuttgart, Theater im Depot, 2000; München, Theater am Sozialamt, 2001). Besonders hinzuweisen ist auch auf die von Heinz Holliger komponierte Oper nach Walsers «Schneewittchen», die am 17. 10. 1998 in Zürich uraufgeführt wurde.

ANMERKUNGEN

S. 7   *Die Knaben:* In dem Prosastück «Die Knaben» (SW Bd. 16,
        S. 263) berichtet Walser, das gleichbetitelte Dramolett sei von
        Frank Wedekind in der Zeitschrift «Die Insel» veröffentlicht
        worden. Das betreffende Juni-Heft 1902 wurde aber von Otto
        Julius Bierbaum redigiert, erst das darauffolgende Juli-Heft
        von Wedekind, der seine Tragödie «Die Büchse der Pandora»
        darin drucken ließ. Es ist jedoch möglich, daß er schon beim
        Juni-Heft mitzureden hatte oder ursprünglich zu dessen Be-
        sorgung bestimmt war und die Aufnahme von Walsers Dra-
        molett in die Wege leitete.

S. 11   15. Zeile: «... in einen weiten See, die Liebe.» So im Text der
        «Insel» (Juni 1902). «Komödie» hat den unbestimmten Artikel
        im Dativ, «einem», was vermutlich ein Druckfehler ist.

S. 12   17. Zeile: «Was sagte der Schauspieler Jank zu dir?» Walser ge-
        denkt im Folgenden seiner mißglückten Vortragsprobe in der
        Stuttgarter Zeit. Vgl. das Prosastück «Wenzel» (SW Bd. 2,
        S. 81) und den Monolog «Die Talentprobe» (SW Bd. 2, S. 67).

S. 14   1. Zeile: «... wenn er nicht mit seiner Dame besser fährt als wir
        mit der Kunst.» So im Text der «Insel». «Komödie» hat das
        schweizermundartliche «wie wir».

S. 19   *Dichter:* 1. Zeile: «Ach, daß ich einen Beruf hätte, der mich
        mein Brot ehrlicher verdienen ließe, als dieser halbe ...» So im
        Text der «Insel» (Juni 1900). «Komödie» hat «wie dieser
        halbe».

S. 20   1. Zeile: «Wir sind die Zungen ...» Im Text der «Insel»: «Wir
        sind die Mäuler ...»

S. 24   6. Zeile: «Ich glaube, daß aus dem Vorsatz, ...» Im Text der
        «Insel»: «Meine Hand schmerzt mich, und ich glaube, daß aus
        dem Vorsatz, ...»

S. 33   *Aschenbrödel:* 4. Zeile: «Daß Ihr sein Narr seid, sagt mir schon /
        Eur bittersüßes Angesicht.» So im Text der «Insel» (Juli 1901).
        «Komödie» hat den offenbar fehlerhaften Wortlaut: «Daß Ihr
        ein Narr seid, sagt mir schon / Ein bittersüßes Angesicht.»

S. 37   5. Zeile: «... schlag tapfer mich mit deiner Hand, ...» So im
        Text der «Insel». «Komödie» hat «aus deiner Hand».

S. 70   8. Zeile von unten: «... der Tanz mit mir.» Im Text der «Insel»: «der Tanz mit Dir».

S. 74   *Schneewittchen:* Der Text der «Insel» (September 1901) hat «Schneewitchen», ebenso die Mehrzahl der betreffenden Briefe an Verlage.

S. 119 *Der Teich:* Das 15seitige Manuskript dieser «Szenen» war im Besitz von Robert Walsers jüngerer Schwester Fanny Hegi-Walser, die den Text als ein Jugendwerk ihres Bruders bezeichnete. Dies führte – zusammen mit anderen Täuschungen – den Biographen Robert Mächler und den Herausgeber seinerzeit zu der Annahme, es handele sich hier um eine Arbeit des erst heranwachsenden Autors und vielleicht um einen literarischen Erstling. Inzwischen hat Bernhard Echte durch Handschriftenvergleiche nachweisen können, daß das Manuskript nur aus dem Jahr 1902 stammen kann, als Walser schon 24 Jahre alt war. Da es sich bei diesem Manuskript zweifellos um eine Abschrift handelt (es weist fast keine Korrekturen auf), könnte der Text gleichwohl früher entstanden sein. Eine genauere werkgeschichtliche Betrachtung führt jedoch zu dem Schluß, daß Walser «Der Teich» sicher nicht vor 1897/98 und wahrscheinlich auch nicht vor der Niederschrift zumindest der Prosa-Dramolette «Die Knaben» und «Dichter» (1899) geschrieben haben kann. B. Echte kommt mit werkgeschichtlichen, biographischen und psychologischen Argumenten zu einer Datierung auf Frühjahr 1902, als Walser aus Berlin zurückgekehrt war und sich bei seiner Schwester Lisa im Dorf Täuffelen am Bieler See aufhielt; mir erscheint auch eine um zwei Jahre frühere Datierung auf die Zeit seines Solothurner Aufenthalts (Oktober 1899 bis April 1900) als möglich, der ich den Vorzug gebe.

Zu Carl Seelig bemerkte später der 62jährige Robert Walser: «Ich habe absichtlich nie im Dialekt geschrieben. Ich fand das immer eine unziemliche Anbiederung an die Masse ...» (Seelig, «Wanderungen mit Robert Walser», 1977, S. 28). Dabei hatte er diese Szenenfolge vielleicht vergessen oder zählte sie, weil er sie nicht zur Veröffentlichung geschrieben hatte, nicht zu seinem Werk. Tatsächlich stellt dieser Text mit der Verwendung des in Biel gesprochenen Berndeutschen eine absolute Ausnahme dar. Bei der Transkription der Mundart verfuhr Walser unorthodox, der Text – nach einer von Jörg Schäfer erstellten Abschrift wiedergegeben – enthielt auch viele Uneinheitlichkeiten, die hier nur zum Teil ausgeglichen wurden. Auf Worterklärungen wird verzichtet, da sie für Leser, denen das Schweizerdeutsch völlig unvertraut ist, allzu zahlreich hätten sein müssen.

Der autobiographische Hintergrund von «Der Teich» wird sich dem Leser, insbesondere wenn er das Stück mit den rund 25 Jahre späteren und doch so verwandten «Felix»-Szenen vergleicht, von selbst erschließen. Äußere Zeichen sind auch der später beim Helden des Romans «Der Gehülfe» wiederkehrende Familienname Marti (es ist der Geburtsname von Walsers Mutter) und der Name des Vaters (sein Vater hieß tatsächlich Adolf). Die Geschwister, in der Zahl vermindert, sind hier freilich weniger deutlich wiederzuerkennen. Ob der Handlung mit der fingierten Selbsttötung des Knaben irgendein reales Motiv, d. h. ein Vorfall in Walsers Jugendbiographie, zugrunde liegt, ist nicht bekannt.

S. 135 *Der Taugenichts:* Das Lustspielchen, wie es Walser im Text der Zeitschrift «Pro Helvetia» (Januar 1922) bezeichnet hat, ist eine Art Epilog zu Eichendorffs Novelle «Der Taugenichts», mit Ingredienzien aus Walsers eigenem Leben. Die sprechenden Personen kommen alle bei Eichendorff vor.

S. 151 *Das Liebespaar:* 7. Zeile von unten: Die einmalige Erwähnung eines Bruders namens Flückiger hat anscheinend nur den Zweck, Oskars mitmenschliches Interesse für die Verkäuferin anzudeuten.

S. 167 *Dornröschen:* Vgl. das gleichbetitelte Prosastück in «Poetenleben», Band III, S. 18.

S. 181 *Das Christkind:* 6. Zeile: Der Ruf «Christ ist erstanden!» – statt «Christ ist geboren!» – könnte vom Dichter als prophetischer lapsus linguae gemeint sein.

S. 197 *«Felix»-Szenen [3] Im Hof ihres Vaters ...:* Der schwer erkrankte Bruder könnte Adolf, das älteste der Walser-Geschwister, gewesen sein. Er starb 15jährig an Schwindsucht, Robert war damals sechs Jahre alt. (Vgl. auch den nur im Entwurf erhaltenen Text «Wenn du kannst, Herrin meines Herzens ...» in «Aus dem Bleistiftgebiet» Bd. I, S. 256 f., in dem sich eine genau entsprechende Episode findet.)

S. 204 [8] *In der Religionsstunde:* Diese Szene läßt sich zeitlich fixieren, sie bezieht sich auf die Wohlgemuth-Affäre von 1889. (Die Verhaftung und Ausweisung des deutschen Polizeiinspektors Wohlgemuth, der in der Schweiz einen Lockspitzel anzuwerben versucht hatte, führte zu Protesten und Repressalien von Seiten des Reichs, das heißt Bismarcks, und sogar vorübergehender Kriegsgefahr.) Robert Walser war damals elf Jahre alt.

S. 207 «Lord Byron, Mazeppa»: Jan Mazeppa (1652-1709), in seiner Jugend am Hof des polnischen Königs Johann Kasimir, wurde 1687 Hetman des ukrainischen Kosakenstaates und versuchte diesen später durch ein Bündnis mit Karl XII. von Schweden der russischen Oberherrschaft zu entziehen. Neben Byron (1819) widmete ihm auch Puschkin eine Dichtung (1829).

S. 211 [12] *Felix hilft seiner Mutter in der Küche:* Die Anspielungen auf die Schweizer Geschichte im 15./16. Jahrhundert beziehen sich im einzelnen offenbar: auf die Schlacht bei St. Jakob an der Birs 1444 (auf Bitten des Kaisers war der französische Dauphin mit dem Söldnerheer der Armagnacs gegen die Eidgenossen gezogen und hatte sie geschlagen, nach der Schlacht aber kam es zum Frieden und bald darauf zu einem Freundschaftsvertrag mit Frankreich; die Eidgenossen behielten den Aargau, den Österreich hatte zurückgewinnen wollen – insofern waren sie «besiegt und blieben dennoch Sieger»); auf die Lage nach den Burgunderkriegen von 1476/77 («Gipfel der Macht»: Karl der Kühne von Burgund wurde in drei Schlachten geschlagen und fiel auf der Flucht, Bern hatte sich ins Waadtland ausgedehnt); auf die Schlacht von Marignano 1515 (Franz I. von Frankreich besiegte das in mailändischem Dienst stehende Schweizerheer; in der Folgezeit verstärkter französischer Einfluß).

S. 215 *«Der ältere Bruder»:* gemeint ist offenbar der erst in Szene [18] benannte Bruder Arnold (für den Hermann Walser das Modell war), nicht Adelbert (in dem Karl Walser erkennbar ist).

S. 220 [16] *Brief des Studenten an Felix:* Die auf «Papa» bezüglichen Sätze des Briefes machen deutlich, daß es sich auch bei dem «Studenten» um einen Bruder von Felix handelt, aber nicht

um den in Szene 13 auftretenden «älteren Bruder», der wohl
mit dem «Arnold» von Szene 18 identisch ist und für den Hermann Walser Modell stand, sondern um eine Ernst Walser
nachgebildete Figur. Dieser war fünf Jahre älter als Robert, vor
allem musikalisch sehr begabt, aber wohl auch für die Dichtung begeistert und daneben ein guter Turner. Aus wirtschaft-
lichen Gründen konnte er nicht, wie er wollte, nur Musik
studieren, sondern mußte Sekundarlehrer werden. In «Geschwister Tanner» zeichnet Robert Walser sein Porträt in der
Beschreibung des Schicksals von Emil Tanner und deutet dabei den starken anregenden Einfluß an, den dieser Bruder in
entscheidenden Jahren auf ihn ausübte (SW Bd. 9, S. 231 ff.).
In dem erinnernden Prosastück «Wanda» erzählt er, «daß ich
oben in einer staubigen Dachstube an einem Stehpult stand,
das meinem älteren Bruder, der Student war und der ebenfalls
in großen Linien drauflos dramatisierte, von einer Verehrerin
und Gönnerin zum Geschenk gemacht worden war.» (SW
Bd. 3, S. 55) Ernst Walser starb 1916 nach längerem Aufenthalt in einer Nervenheilanstalt.

S. 223 [18] *Am Familienmittagstisch:* Hermann Walser, acht Jahre älter
als Robert, hatte von dem Leiter eines Erziehungsinstituts Mit-
tel für ein Studium geliehen erhalten und wurde zunächst
Sekundarlehrer, später Ordinarius für Geographie an der Uni-
versität Bern. Er ist in Arnold zu erkennen. Die Szene könnte
sich etwa 1891/92 im Walserschen Familienkreis zugetragen
haben – Robert war damals dreizehn Jahre alt und verließ bald
darauf die Schule. Seine Mutter, deren seelische Labilität hier
deutlich wird, starb 1894.

S. 228 [20] *In einem Hof ⋮ ..:* Schillers «Räuber», im Bieler Stadttheater
am 18. Februar 1894 in einer «Extravorstellung» gegeben, war
einer der frühesten Theatereindrücke, oder überhaupt ihr erster, die Walser in seiner Jugendzeit hatte, und das Stück blieb,
wie viele Erwähnungen, Anspielungen und Paraphrasen im
Werk zeigen, zeitlebens faszinierend für ihn. Karl Walser
aquarellierte ihn als Fünfzehnjährigen in malerischer «Räuber»-Kostümierung; an dieses Bild knüpft wiederum der nicht
lange nach den «Felix»-Szenen entstandene, nur im Konzept
erhaltene «Räuber»-Roman an (SW Bd. 12).

S. 230 [21] *Im Kontorchen des Vaters von Felix:* Autobiographischer Hintergrund dieser Szene sind die Lehrjahre Robert Walsers bei der Kantonalbank in Biel, die auf seine Schulzeit folgten.

S. 232 [22] *Brief von Felix ...:* Ernst Ritter von Possart (1841-1921) war in der Zeit, in der Walser einen Brief wie diesen geschrieben haben könnte, Schauspieler und Regisseur am Berliner Lessingtheater und unternahm häufige Gastspielreisen. 1895 wurde er Generalintendant des Münchner Hoftheaters.

1878	15. April: Robert Otto Walser als siebtes von acht Kindern des Buchbinders und Kaufmanns Adolf Walser und seiner Frau Elisa, geb. Marti, in Biel, Kanton Bern, geboren.
1884–1892	Volksschule und Progymnasium in Biel. Allmählicher Niedergang der väterlichen Geschäfte. Gemütserkrankung der Mutter.
1892–1895	Lehre bei der Filiale der Berner Kantonalbank. 22. Oktober 1894: Tod der Mutter. Theaterfieber, Mitwirkung in einem Schauspielverein, Traum einer Bühnenlaufbahn.
1895	April–August in Basel. Wohnung bei Verwandten, Anstellung bei einer Bank/Spedition. Ab September in Stuttgart. Wohnung mit dem Bruder Karl in einer Gesellenherberge, Anstellung in einem Verlag. Scheitern der schauspielerischen Hoffnungen.
1896	Anfang Oktober Fußwanderung zurück in die Schweiz. Wohnung in Zürich, Anstellung als Hilfsbuchhalter bei einer Versicherung.
1897	In Zürich. Mehrfacher Wohnungswechsel. Begeisterung für den Sozialismus. Erstes erhaltenes Gedicht. November: Kündigung der Anstellung, kurze Reise nach Berlin. Im Winter viele Gedichte.
1898	In Zürich. 8. Mai: Anonymer Abdruck einiger Gedichte durch J. V. Widmann im »Sonntagsblatt des Bund«, Bern. Bekanntschaft mit Franz Blei. Weitere Gedichte.
1899	Januar–September (?) Anstellungen in Thun. Mai/Juni: ev. kurzer Besuch in München. Ab Oktober in Solothurn, Angestellter der »Hülfskasse«. – Ab Frühjahr: Niederschrift der vier frühen Dramolette. 2. Juli: erstes Prosastück »Der Greifensee« im »Sonntagsblatt des Bund«. Gedichte in der »Wiener Rundschau« und in der »Insel«.
1900	In Solothurn, Biel, Zürich. Ab Ende November in München. – Gedichte, Dramolett »Dichter« in der »Insel«.
1901	Nach Rückkehr im Januar vermutlich in Zürich. Im Juli neue Reise nach München, im August weiter nach Berlin. Anschließend wieder in München, ab Mitte Oktober in Zürich. In München Umgang mit vielen Schriftstellern und Künstlern, v. a. dem Kreis um die »Insel«. In dieser weitere Veröf-

fentlichungen.

1902   Januar: enttäuschende Reise nach Berlin. Februar-April: bei der Schwester Lisa in Täuffelen am Bielersee, dann in Zürich. – »Fritz Kochers Aufsätze«, »Der Commis«, »Ein Maler« erscheinen im »Sonntagsblatt des Bund«; weiteres in der »Insel«.

1903   März-Juni Fabrikangestellter in Winterthur. Rekrutenschule in Bern. Aufenthalt in Zürich. »Gehülfe« bei einem Techniker/Erfinder in Wädenswil am Zürichsee.

1904   In Zürich. Mehrfacher Wohnungswechsel, Anstellung bei der Kantonalbank. Militär-Wiederholungskurs. Vorbereitung des Bandes »Fritz Kochers Aufsätze« (erscheint im Dezember im Insel-Verlag, Leipzig). – Einige weitere Veröffentlichungen.

1905   Ende März Aufbruch nach Berlin. Wohnung beim Bruder, dem Maler Karl Walser. Im Sommer in der Schweiz, danach in Berlin Besuch einer Dienerschule. Oktober-Dezember: Diener auf Schloß Dambrau, Kreis Falkenstein, Oberschlesien. – Wenige Veröffentlichungen.

1906   In Berlin. Niederschrift des Romans »Geschwister Tanner« sowie eines weiteren, später vernichteten Romans. Walsers Lektor beim Verlag Bruno Cassirer ist der Dichter Christian Morgenstern. Abdrucke einiger Prosastücke.

1907   In Berlin; ab Sommer in einer eigenen Wohnung. Walser ist zeitweilig Sekretär Paul Cassirers, des Kunst-händlers und Geschäftsführers der Berliner Sezession. Bekanntschaft mit vielen Berliner Künstlern, Literaten und Theaterleuten. – »Geschwister Tanner« erscheint. Niederschrift des Romans »Der Gehülfe«. Zahlreiche Veröffentlichungen in Zeitschriften und Feuilletons.

1908   In Berlin. »Der Gehülfe« erscheint bei Bruno Cassirer, Ende des Jahres auch eine bibliophile Ausgabe der frühen »Gedichte«. Niederschrift des Romans »Jakob von Gunten«. Zahlreiche Veröffentlichungen in Zeit-schriften, auch Zeitungsfeuilletons.

1909   In Berlin. »Jakob von Gunten« erscheint. Zahl der sonstigen Veröffentlichungen zurückgehend.

1910   In Berlin. Walser hütet vorübergehend die Wohnung des Bruders am Kurfürstendamm 29, zieht dann an den Rand des Charlottenburger Westends. – Wenige Veröffentlichungen in Zeitschriften. Vermutlich Arbeit an weiteren Romanvorhaben, die scheitern.

1911	In Berlin. Rückzug aus der Gesellschaft. Sekretärstätigkeit für die Hausbesitzerin. – Wenige Veröffentlichungen.
1912	In Berlin. Wieder regere Mitarbeit an (neuen) Zeitschriften. Verlagssuche für Sammelbände kleiner Prosa; »Geschichten« und »Aufsätze« von Ernst Rowohlt/Kurt Wolff, Leipzig, angenommen.
1913	März: Rückkehr in die Schweiz. Zunächst bei der Schwester Lisa in Bellelay im Berner Jura, später für die nächsten sieben Jahre Bezug einer Mansarde im Hotel Blaues Kreuz in Biel. Beginn der Freundschaft mit Frieda Mermet. – »Aufsätze« bei Kurt Wolff. Viele Veröffentlichungen in Zeitschriften.
1914	In Biel. 9. Febr.: Tod des Vaters. Nach Ausbruch des Ersten Weltkriegs wiederholt Einberufungen zu mehrwöchigem Militärdienst. – Im Frühjahr Vorbereitung der Sammlung »Kleine Dichtungen«. Dafür Preis des »Frauenbundes zur Ehrung rheinländischer Dichter«. Der Band »Geschichten« erscheint bei Kurt Wolff. Am Jahresende Reise nach Deutschland, um die Erstauflage von »Kleine Dichtungen« für den »Frauenbund« zu signieren. Viele Zeitschriften- und Feuilletonbeiträge.
1915	In Biel. Anfang Januar: kurzer Besuch beim Bruder in Berlin. Zweimal Militärdienst im Grenzschutz. – »Kleine Dichtungen« erscheint bei Kurt Wolff. Viele Zeitschriften- und Feuilletonbeiträge.
1916	In Biel. 17. November: Tod des Bruders Ernst Walser in der Nervenheilanstalt Waldau bei Bern. – Für den Verlag Huber, Frauenfeld, schreibt Walser »Der Spaziergang«, für den Rascher Verlag, Zürich, die kleine Sammlung »Prosastücke«. Zahlreiche Veröffentlichungen vor allem in Schweizer Blättern.
1917	In Biel. Im Spätsommer längerer Militärdienst. – Sammlung »Kleine Prosa« ensteht (erscheint bei A. Francke, Bern), Sammlung »Poetenleben« (bei Huber). Weitere Buchpläne erfolglos. Viele Veröffentlichungen zumal in Schweizer Zeitungen.
1918	In Biel. Frühjahr: vierwöchiger Militärdienst. – Manuskript »Seeland« abgeschlossen, vom Rascher Verlag angenommen. Ein anderer geplanter Band findet keinen Verlag. Roman »Tobold« entsteht (später vernichtet). Feuilletons vor allem in der »Neuen Zürcher Zeitung«.

1919	In Biel. 1. Mai: Selbsttötung des Bruders Hermann Walser, Geographieprofessor in Bern. – Neuausgabe der »Gedichte« bei Bruno Cassirer, Berlin. Zusammenstellung mehrerer kleiner Prosasammlungen, die nicht erscheinen. Viele Beiträge in Zeitungen und Zeitschriften, trotzdem akute Geldnot.
1920	In Biel. 8. November: Walser-Leseabend in Zü-rich, der Dichter im Publikum. – »Seeland« erscheint als bibliophile Ausgabe bei Rascher, »Komödie« (die frühen Dramolette) bei Bruno Cassirer. Zahlreiche Veröffentlichungen in Zeitungen und Zeitschriften; Honorare aus Deutschland gehen jedoch häufig verloren.
1921	Übersiedlung nach Bern, Antritt einer Stelle als Zweiter Bibliothekar am kantonalen Staatsarchiv (nur für einige Wochen). Kleinere Erbschaft seitens des Bruders Hermann. – Sommer/Herbst: Arbeit am Roman »Theodor« (nur Teilabdruck erhalten). Viele Veröffentlichungen.
1922	In Bern; zweimal Wohnungswechsel. Im März Lesung aus »Theodor« in Zürich; Gastaufenthalt bei dem Maler Ernst Morgenthaler. Erbschaft seitens eines Basler Onkels. – Trotz Einschaltung des Schweizerischen Schriftstellervereins, dem Walser beigetreten ist und der auf den Roman ein Darlehen gegeben hat, findet »Theodor« keinen Verlag. Wenige Veröffentlichungen.
1923	In Bern. Juni: wegen Ischias im Spital. Herbst: Fußwanderung nach Genf. – Sehr wenige Veröffentlichungen.
1924	In Bern; dreimaliger Wohnungswechsel. – Walser läßt Bemühungen des Leipziger Grethlein Verlags um ihn als Autor scheitern und tritt aus dem Schriftstellerverein aus. Zusammenstellung des Bandes »Die Rose« (erscheint als letztes Buch des Autors am Jahresende im Ernst Rowohlt Verlag, Berlin). Veröffentlichungen in Zeitungen und Zeitschriften nehmen wieder zu. Viele unveröffentlichte Entwürfe, darunter auch wieder Gedichte.
1925	In Bern; viermaliger Wohnungswechsel. – April/Mai Entwurf der »Felix«-Szenen (liegengelassen). Juli/August Entwurf des »Räuber«-Romans (liegengelassen). Zusammenstellung einer nicht erschienenen Prosasammlung. Sehr viele Einzelveröffentlichungen von Prosastücken und Gedichten zumal in Zeitungen (von nun an besonders in der »Prager Presse«, im »Prager Tagblatt« und im »Berliner Tageblatt«).

Noch mehr Arbeiten in Reinschrift oder Entwurf, die unveröffentlicht bleiben.

1926   In Bern; viermaliger Wohnungswechsel. Im November Sendung von Prosa und Gedichten Walsers im Zürcher Radio. – Entstehen des sog. »Tagebuch«-Fragments (letzte größere Prosaarbeit, im Manuskript nachgelassen). Enorm große Zahl von Einzelabdrucken vor allem in Zeitungen (Prosastücke wie Gedichte), daneben viele unveröffentlichte Manuskripte und Entwürfe.

1927   In Bern. Verhandlungen über die Publikation eines Prosa- und eines Gedichtbandes erfolglos. Vorübergehende Zurückweisung von Beiträgen durch das »Berliner Tageblatt«. Zahl der Abdrucke insgesamt zurückgehend. Viele unveröffentlichte Manuskripte und Entwürfe.

1928   In Bern. 15. April: Robert Walsers 50. Geburtstag, nur an wenigen Orten knapp gewürdigt. – Zahl der Abdrucke seiner Arbeiten bleibt konstant. Sehr viele unveröffentlicht nachgelassene Texte in Reinschrift oder Entwurf.

1929   In der zweiten Januarhälfte schwere psychische Krise; in deren Folge läßt Walser sich von einem Psychiater in die Heilanstalt Waldau bei Bern einweisen, wo Schizophrenie diagnostiziert wird. – Nach längerer Pause Wiederaufnahme der literarischen Arbeit und Korrespondenz mit Redaktionen. Wenige Veröffentlichungen, vermutlich mehr unveröffentlichte Arbeiten aus dieser Zeit.

1930   In der Heilanstalt Waldau. Walser erhält ein Einzelzimmer, wird jedoch auf seinen Wunsch in den Wachsaal zurückverlegt. – Eingeschränkte Fortsetzung der literarischen Arbeit. Nicht sehr zahlreiche Abdrucke in den gewohnten Blättern, daneben eine größere Zahl unveröffentlichter Manuskripte und Entwürfe.

1931   In der Heilanstalt Waldau. Ende des Jahres Bezug eines Zweibettzimmers. Gelegentliche Besuche in Bern (z. B. zu Theateraufführungen). – Produktivität und Veröffentlichungen zunehmend, viele nachgelassene Arbeiten.

1932   In der Heilanstalt Waldau. – Zahl der Abdrucke in Zeitungen geht wieder zurück, auch weniger Ungedrucktes.

1933   Zunächst in der Heilanstalt Waldau. Weiterhin eingeschränkte Fortsetzung der literarischen Arbeit und der Bemühungen um Veröffentlichungen. Vertrag über eine Neuauflage des Ro-

mans »Geschwister Tanner« im Rascher Verlag, Zürich. Mai/
Juni: Im Zuge einer Reorganisation der Anstalt sollen leich-
tere Fälle entlassen oder in Hauspflege zu Bauern gegeben
werden. Walser lehnt das ab. Seine Geschwister erklären, nicht
für ihn sorgen zu können. Daraufhin wird er am 19. Juni gegen seinen Willen gewaltsam in die Heilanstalt seines formel-
len Heimatkantons Appenzell-Außerrhoden in Herisau ver-
legt. Abbruch seiner schriftstellerischen Arbeit. Keine späteren
Manuskripte oder Entwürfe mehr aufgefunden.

1934-1956   In der Anstalt Herisau. Walser zieht sich in ein angepaßtes
Patientendasein zurück. Juli 1936: erster Besuch des Zürcher
Schriftstellers und Journali-sten Carl Seelig (1894-1962), der
ihn von nun an oft auf Wanderungen begleitet, über ihn
schreibt, sein Herausgeber und 1944 sein Vormund wird. –
28. September 1943: Tod des Bruders Karl in Bern. – 7. Januar
1944: Tod der Schwester Lisa in Bern. – 25. Dezember 1956:
Auf einem Spaziergang erliegt der 78jährige Robert Walser in
der Schneelandschaft bei Herisau einem Herzanfall.

INHALT

KOMÖDIE
(Frühe Dramolette)

DER TEICH

SPÄTERE DRAMOLETTE

DIE «FELIX»-SZENEN

Anhang

Robert Walser
im Suhrkamp und im Insel Verlag

Sämtliche Werke in zwanzig Bänden. Herausgegeben von
Jochen Greven. Zwanzig Bände in Kassette. 5600 Seiten.
Die Bände sind auch einzeln lieferbar.
- Band 1: Fritz Kochers Aufsätze. st 1101. 128 Seiten
- Band 2: Geschichten. st 1102. 138 Seiten
- Band 3: Aufsätze. st 1103. 168 Seiten
- Band 4: Kleine Dichtungen. st 1104. 192 Seiten
- Band 5: Der Spaziergang. st 1105. 285 Seiten
- Band 6: Poetenleben. st 1106. 147 Seiten
- Band 7: Seeland. st 1107. 224 Seiten
- Band 8: Die Rose. st 1108. 123 Seiten
- Band 9: Geschwister Tanner. Roman. st 1109. 381 Seiten
- Band 10: Der Gehülfe. Roman. st 1110. 315 Seiten
- Band 11: Jakob von Gunten. Ein Tagebuch. st 1111. 183 Seiten
- Band 12: Der Räuber. Roman. Das Nachwort schrieb
  Martin Jürgens. st 1112. 229 Seiten
- Band 13: Die Gedichte. st 1113. 323 Seiten
- Band 14: Komödie. Märchenspiele und szenische
  Dichtungen. st 1114. 266 Seiten
- Band 15: Bedenkliche Geschichten. Prosa aus der Berliner
  Zeit. 1906–1912. st 1115. 145 Seiten
- Band 16: Träumen. Prosa aus der Bieler Zeit. 1913–1920.
  st 1116. 452 Seiten
- Band 17: Wenn Schwache sich für stark halten.
  Prosa aus der Berner Zeit. 1921–1925. st 1117. 534 Seiten
- Band 18: Zarte Zeilen. Prosa aus der Berner Zeit. 1926.
  st 1118. 359 Seiten
- Band 19: Es war einmal. Prosa aus der Berner Zeit.
  1927–1928. st 1119. 489 Seiten
- Band 20: Für die Katz. Prosa aus der Berner Zeit.
  1928–1933. st 1120. 518 Seiten